印度佛教史

韩廷杰　著

中国藏学出版社

目　录

第一章　佛教起源时的印度社会背景

佛教起源于公元前6—前5世纪的古代印度，当时印度人民的生产活动以农业为主，已经广泛使用牛、马等畜力以及犁、锄等农具，大米、小麦等是人民的主要食粮。土、木、金、石等手工业也很发达，当时已经出现九层楼房。商业也很繁荣，除贩卖牛、马等的小商小贩以外，还有大规模的水运商队和陆运商队，在佛经里经常见到经商致富的实例，如很早就皈依佛教的帝力富婆和跋利迦，原来都是商人。商业的发展产生了从中营利的经纪人，政府也设立了“大决断人”[①]。当时的科学也很发达，天文学、医药学、机械学等学科都已达到相当高的水平，著名医师耆婆采取“以毒攻毒”的方法治愈四个不治之症。

生产力的高度发展，促使生产关系发生根本变革，当时已经出现了“地主”，即土地所有者，这个词的出现说明当时的印度已经出现土地私有制，季羡林教授在《罗摩衍那初探》里，以大量篇幅，以充分的事实为根据，详细阐明佛教产生时期的古代印度已经出现土地私有制，崔连仲教授的论文《关于古代印度

① 见《中阿含经》卷六。

土地私有制问题》（见《历史学》一九七九年第一期）也对这个问题作了很好的说明。

根据《中阿含经》卷十五《三十喻经》的记载，当时人们要缴四种税："一份供王及给皇后、宫中婇女，二份供给太子、群臣，三份供国一切人民，四份供给沙门、梵志。"① 当时租种别人的土地，要用收入的六分之一交税，正如《大唐西域记》所说的："假种王田，六税其一。"②

佛教产生时的印度社会很像中国的春秋战国时期（公元前770—前221年），政治上群雄割据，思想上百家争鸣。

第一节　佛教产生时期的群雄割据

正如中国从奴隶制转向封建制的春秋战国时期，佛教产生时的古代印度，也出现封建割据形势。据《佛说人仙经》和《神通游戏经》等的记载，当时出现了十六个国家。现将这十六个国家的情况简单介绍如下：

1. 鸯伽国（Aṅga）。位于摩揭陀国之东，首都是瞻波（campā），靠近现比哈尔邦的巴伽尔浦尔，释迦牟尼常来此安居。摩揭陀国王把它赐给一位名叫苏那登荼（Sonadanda）的婆罗门，这个婆罗门经常在这里举行大型祭祀。鸯伽国曾与摩揭陀国发生战斗，有一个时期鸯伽国曾打败摩揭陀国，但最后被频毗娑罗王所领导的摩揭陀国所吞并，从此便和摩揭陀国一起称为鸯伽—摩揭陀。

2. 摩揭陀国（Magadha）。相当于现在比哈尔邦的巴特那（patna）和加雅（Gāyā）。最早的首都是山城，靠近灵鹫山，群山环绕，具有很重要的战略地位，这是为了适应当时群雄割据的

---

① 《大正藏》卷一，第148页。

② 《大唐西域记》，上海人民出版社，1979年，第41页。

战争形势，后来迁到王舍城，最后迁到华氏城。

这个国家兴起于公元前 6 世纪，它吞并了恒河流域的一些小王国而形成一个强大的君主专制国家，相传有八个镇区。这个国家的频毗娑罗王虔信佛教，当释迦牟尼到该国首都王舍城来乞食、说法的时候，他皈依了佛陀为在家弟子，并把竹林精舍施舍给释迦牟尼，供他及其弟子在此安住说法。频毗娑罗王晚年被阿阇世王（Ajātasatru，意译未生怨）所囚杀。阿阇世王原来信仰耆那教，曾和释迦牟尼的堂兄弟提婆达多一起以放醉象、投大石等手段陷害释迦牟尼，最后也皈依为在家弟子。阿阇世王杀父只是为了抢班夺权，对佛教的信仰并不亚于他的父亲频毗娑罗王。在他执政期间战胜了拘萨罗国和吠舍离，使其疆域大大扩大，成为北印度最强大的国王。

阿阇世王的继承人是优陀延（Udayin），以华氏城为首都。公元前 273 年，著名的阿育王在此执政，佛教第一次王舍城结集和第三次华氏城结集都在摩揭陀国举行。7 世纪时首都迁往曲女城，戒日王在此举办了以玄奘为论主的无遮大会。据玄奘的《大唐西域记》记载，该国人民主要信仰大乘佛教，伽蓝五十余所，僧徒一万多人。除信仰佛教外，还信仰耆那教等外道。

3. 迦尸国（Kāśi）。首都是波罗奈斯（Varanāsi，即现在的具拿勒斯），原为诸邦中最强大的一个，以工艺著称。佛教产生时被憍萨罗国吞并而失去独立地位，从此称为迦尸—憍萨罗。

4. 憍萨罗国（Kośala）。大致和现在的奥德（Oudh）相当，首都是舍卫城（Srāvasti），它的其他两个城市是阿瑜陀（Ayodhya）和沙祇（Saketa），包括迦毗罗卫的释迦族。这个国家的给孤独长者把给孤独园布施给佛陀。给孤独长者的妻子毗舍结母（Visākhā）在东林（Purvāram）地方为比丘们建造了一座大厦。佛教产生时，憍萨罗的国王是波斯匿（Prasenajit），晚年被自己的儿子毗杜达婆（Vidurdabha）所驱逐，病死于王舍城。在毗杜达婆执政期间消灭了释迦族。

5. 跋祇国（Vajji）。这个国家包括八个部族，主要是瓦吉族（Vaiji）、维德哈族（Videha）、梨契察毗族（Licchavi，另译梨车人）等，该国首都是吠舍离（Vaiśālī）。释迦族被灭以后，跋祇国仍然保持着自己的独立地位，释迦牟尼对此非常佩服。这个国家非常重视法律，普遍实行五人陪审制。

6. 末罗国（Malla）。位于跋祇国的东部，憍萨罗国的西部，后来分裂为波瓦（Pāvā）的末罗人和拘尸那的末罗人。相传释迦牟尼就是在这个国家吃了铁匠准陀（Cunda）的饭而逝世。释迦逝后，波瓦和拘尸那都参与分舍利之事。这个国家也是独立的，但并不像跋祇国那样强大，佛涅槃后不久就被摩揭陀国所兼并。

7. 支提国（Cetī）。大致和现代的班德勒坎德及其邻近地区相当。首都是塞缚悉底跋底城（Svastùvasti），靠近北方邦的班达。释迦牟尼的一生和这个国家没什么关系。

8. 犊子国（Vatsa）。位于朱木舒河沿岸，首都是憍尝弥（kaúsāmbī），相当于现在的科萨姆，靠近阿拉哈巴特。佛陀时代，这里的共和政府已经被消灭，相传由一个叫优填王的国王统治着。优填王是个风流人物，印度古代伟大的戏剧家跋娑（bhāsa）以他两次娶妻的故事为题材写了两个剧本：《与负轭氏的协议》和《惊梦记》。《惊梦记》的剧终祝词称：“愿王中狮子统治这大地”，“如此广大的土地由一王统管”。这反映了在群雄割据的战争年代，人民渴求和平统一的善良愿望。相传在憍尝弥有三位长者：诃斯陀（Ghasita）、豁古达（Kukhuta）和波瓦利迦（pāvārika）先后修建三座精舍奉献给佛陀及其弟子。相传优填王的正宫王后沙摩华蒂（Sāmavatī）及其宫女枯珠多娜（Khujiutana）都当了佛陀的优婆夷。

9. 俱卢国（Kuru）。首都是因陀罗普罗斯太（Indraprastha），位于德里附近，另一个重要城市是诃斯提那普罗（Hastinapura）。佛教产生时这里盛传吠陀教，与佛教关系不大。

10. 旁遮罗国（Pañcala）。大致相当于现在的罗希尔坎德和北方邦的某些地区，恒河将它分为南北两部，首都分别是阿希查特拉（Ahichatra），相当于今北方邦巴雷利县的罗那伽和堪比利亚。

11. 末遮国（Maccha）。首都是毗罗托—纳加罗（Virata-naghara），相当于现在的贝拉特，靠近拉其斯坦的查普尔。

12. 苏罗西那国（Surasena）。首都是摩吐罗城，佛教产生时该国国王是阿般提子（Avantiputra）。释迦牟尼说摩吐罗有五大缺点：道路崎岖不平、尘土太多、狗很讨厌、夜叉很残暴、乞食有困难。

13. 阿湿迦国（Assakā）。位于哥达瓦利河岸。舍卫国有一个叫波跋利的婆罗门带领十六大弟子住在这里，释迦牟尼没有到达这个国家，但名字传到这里。波跋利派其弟子到中印度找他皈依为佛弟子。

14. 阿般提（Avanti）。大致相当于中印度和中央邦的相邻部分，分为南北两部分，北部的首府是邬阇衍那（Uddayina），相当于现在的那马达河岸上的曼达塔。相传释迦牟尼的十大弟子之一的迦旃延就出生在这个国家。

15. 犍陀罗国（Gandhara）。包括迦湿弥罗和坦叉始罗（Taksala）地区，首都在坦叉始罗地区，相当于西旁遮普的雷瓦平迪县。佛在世时的国王是布古娑底王，他和频毗娑罗王的关系非常好，两国王不征收对方商人的捐税。由于频毗娑罗王的影响，他于晚年放弃王位，步行到王舍城出家当了和尚。犍陀罗的工艺、学术等都很发达，王舍城的著名医生耆婆曾在这里研究过《夜柔吠陀》。

16. 绀蒲遮国（Kabajā）。位于印度的西北部，这个国家的人民还保留着原始宗教的信仰，相信消灭蚂蚁、毒蛇、蛤蟆和苍蝇可使人清净。

通过以上简单介绍，我们可以清楚地看到，佛教产生时期的古代印度，和中国的春秋战国时期非常相似，群雄割据，互相攻伐。当时的战争情况和中国古代也很相似，当时的部队包括车军、马军、象军、陆军，使用的武器有刀、枪、棒、剑、弓箭等。

在这战争年代，社会急剧动荡，有的变得更加强大，有的则被吞并灭亡，佛教创始人释迦牟尼的祖国也遭到攻伐，尽管他曾多次劝说憍萨罗国国王毗杜达婆不要进攻释迦族，但释迦族终究没有逃脱灭亡的命运。所以，释迦牟尼对这种动荡局势是深恶痛绝的，他希望有一个和平统一的局面。

释迦牟尼认为：人和人、国与国之间的矛盾斗争都是由于人的欲望引起的，要消灭战争，必须首先消灭人的欲望。他一再弘扬忍辱戒杀，“唯忍能止诤，是法可尊贵”①。意思是说，只有忍辱和戒杀才能制止人们的矛盾斗争，这种教法十分可贵。他认为“以诤止争”只能加强战败者的复仇心理，加剧矛盾和斗争。

当毗琉璃王派兵攻打释迦族的时候，释迦族毫无抵抗，有十五个儿童要奋起反抗，被释迦族的长老训斥了一顿，长老说：“释迦牟尼教导我们不杀生，如要杀生，就要下地狱。”②

在释迦族毫无抵抗的情况下，毗琉璃王的军队一举攻陷迦毗罗卫城，对释迦族进行大屠杀，把人们的脚埋在地下，驱使暴象踏杀，佛经记载，共杀九千九百九十多万人（数字显然夸张），血流成河。最后放火烧毁迦毗罗卫城。释迦牟尼认为，这是业报问题，因为释迦族前世造恶，所以今世受这种恶报。

出身于释迦族的释迦牟尼深受战乱之苦，所以把“和平盛世”作为他的理想社会，这种主张自然得到弱小民族的拥护。

---

① 《中阿含经》卷一七《长寿王本起经》，《大正藏》卷一，第532页。
② 见《增一阿含经》卷二六《等见品》。

第二节　佛教产生时期的百家争鸣

佛教产生时期的印度思想界和中国春秋战国时期一样，异说蜂起，百家争鸣。耆那教说有三百六十三见（见解），其中包括：1. 行为论（Kriyāvāda），即认为人的意志有自由、罪恶有果报的学说，此类共一百八十种；2. 无行为论（Akryāvāda），行为论的对立面，共八十四种；3. 无知论（Ajñānavāda），即不可知论，共六十七种；4. 持律论（Vīnayavāda），主张通过持戒、苦行等获得解脱，此类共三十二种。

佛教说有六十二见。根据《梵网六十二见经》《大毗婆沙论》卷十九、《大乘法苑义林章记》卷十三等，大致可以分类如下：

1. 关于过去世的见解（本劫本见），于过去世所起的常见。

①世间长存论。共四种见，主张自我（Ātman，阿特曼）及客观物质世界常存。

②世间半常半无常论。共四种见，主张自我及客观物质世界，一部分常存，一部分变化无常。

③世间有边无边论。共四种见，论述世间有限与无限。

④异问异答论。即诡辩论，共四种见。

⑤无因而有论。共二种见，即偶然论，认为自我和客观世界无因而存在。

2. 关于未来的见解（未势未见），于未来世所起的断见。

①世间有想论。共十六种见，认为自我死后有意识。

②世间无想论。共八种见，认为自我死后没有意识。

③世间非有想非无想论。共八种见，认为自我死后非有意识、非无意识。

④众生断灭无余论。共七种见，认为一切有情众生死后断灭

而无余。

⑤现在生中涅槃论。共五种见，认为人的幸福和解脱现世即可获得。

实际上，当时的学派并没有这么多，所谓三百六十三见，六十二见等等，只是说明当时思潮的复杂，名目繁多，令人眼花缭乱。当时的主要外道（非佛教派别）主要有六派，此称外道六师：

1. 阿耆多翅舍钦婆罗（Ajilakeśakambala）。古印度的朴素唯物主义者，该派又称为斫婆迦派或顺世论，意思是“流行于人世间的理论”，认为宇宙乃至于人体都是地、水、火、风四种元素组合而成，意识随着人的躯体而活动，人死意识亡，没有起主宰作用的灵魂，所以没有过去世和来世，只承认今世，该派反对业报轮回和祭祀苦行等宗教理论和宗教实践。

2. 尼干子·若提子（Nigantha Nātaputta）。这是耆那教的创始人，原名筏陀摩那（Vardhamāna），教徒尊称他为大雄（MahāVira），生于古印度吠舍离一个王族家庭，属刹帝利种姓，三十岁出家修行，四十二岁成道，在摩揭陀、安伽、弥湿罗及拘萨罗等地传教三十年，七十二岁时死于白婆（pāvā）。他认为世界是由命（jīva）和非命（Ajiva）两种元素构成的，“命”即灵魂，非命是指物质，日间、空间、静止的条件、运动的条件、原子、原子的复合物等。认为人生是由痛苦和幸福两种成分构成的，吃完苦以后，剩下的都是幸福，所以他主张严格苦行。

3. 婆浮陀·伽旃延（pakudhakaccāyana）。认为人体是由地、水、火、风、苦、乐、生命（灵魂）七种元素构成的，汉译佛典把这七种元素称为“七士身”或“七事身”。这七种元素是永存的，聚合在一起就构成人体，离散则造成人的死亡，与善恶果报毫无关系。

4. 富兰那－迦叶（Purāna-kassapa）。佛教把他的学说称为“无因无缘论”（Ahetu-abbacca yana-Vāda）、“偶然论”，认为一

切事物的产生和发展都是偶然的，对社会上的一切宗教伦理都持怀疑态度，否认“善有善报，恶有恶报”的道德说教，主张纵欲。

5. 末伽梨·拘舍罗子（Makkhali Gosālaputra）。末伽梨是字，从母得名拘舍罗子。他是耆那教的一个支派——“邪命外道”的领袖，认为宇宙间的一切都是由灵魂、地、水、火、风、虚空、得、失、苦、乐、生、死等十二种元素构成的，各种元素自然地结合在一起，不受任何因素的约束。认为宇宙的一切都受命运的支配，任何人的意志都是无能为力的，对报应的看法也持否定态度，主张“无有今世、亦无后世，无父无母，无变无化，无生无死”。认为一切都是空的、无用的，要经过八百四十万大劫，不管是智还是愚，都能得到解脱。

6. 散惹耶·毗罗梨子（Sañgaya·Bellataniputra）。散惹耶是字，从母得名毗罗梨子。他宣扬一种怀疑论或不可知论，主张直观主义，对一切问题都不作决定说，对有无来世、有无果报等问题，都不作定论，说有即有，说无即无，所以佛教称他的学说是“难以捉摸的泥鳅”。散惹耶·毗罗梨子认为这样可以掩盖辩论中的无知和愚痴。他反对婆罗门的世界由梵我转化而来的主张，主张踏实修定，以求得真正的智慧，佛弟子舍利弗、目犍连都曾跟他学习过。散惹耶·毗罗梨子的很多门徒都改信佛教，他因此而被气死。

如此纷繁的印度思想界，从他们对于印度正统思想的态度来分，大致可以区分为婆罗门思潮和沙门思潮两大系统。

婆罗门思潮即婆罗门教，它是维护正统的。婆罗门教起源于公元前2000年左右印度原始公社瓦解时期出现的吠陀教，吠陀教是由中亚一带移入的雅利安人的宗教，它崇拜种种神化了的自然力量和祖先、英雄人物等。婆罗门教主张吠陀天启、祭祀万能和婆罗门至上三大纲领，把人区分为四大种姓：婆罗门（祭司）、刹帝利（武士贵族）、吠舍（农业和工商业者）和首陀罗

（无技术的劳动者），除此之外还有不可接触的“贱民”。看到“贱民”被认为是不吉利的，所以“贱民”出门时要敲梆子，示意行人回避。婆罗门教把前三大种姓称为再生族，意思是说：他们可以加入婆罗门教，婆罗门教可以给他们第二次生命。把首陀罗称为一生族，他们没有资格加入婆罗门教，婆罗门教不能给他们第二次生命。婆罗门教信奉梵天、毗湿奴、湿婆三大主神，分别代表宇宙的创造、护持、毁灭。

沙门思潮是反传统的思想体系，佛教属于沙门思潮的一个派别，除此之外还有“外道”六师等。

刚刚产生的佛教，一方面要和正统的婆罗门教作斗争，另一方面要和沙门思潮中的“外道”六师作斗争，在这名目繁多的思潮派别当中能够取得优胜地位，应该说是很不容易的。释迦牟尼在鹿野苑初转法轮吸收了憍陈如等五比丘组成的僧团，经过四五次吸收徒众就发展到一千二百五十人，佛教之所以发展这样快，是因为他的创始人释迦牟尼适应变革的政治思想形势，提出了某些适合广大人民群众要求的政治主张，如反对婆罗门教、主张四姓平等等，这在当时宣传群众、组织群众方面，确实起到进步作用。

佛教为了取得人民群众的拥护，着重反对种姓分立和创始神的理论，主张“四姓平等”和“业感缘起”。婆罗门教以种姓分立的理论和实践对人民大众进行压迫剥削，佛教打起“种姓平等”的旗号，就受到人民大众的拥护。佛教用“业感缘起”理论，说明人的命运掌握在自己手里，来生果报的好坏，是由自己的行为（业）决定的，这种理论在“促人行善”方面，确实起到良好的推动作用。这些都是原始佛教能够迅猛发展的重要原因。

参考资料

［印］D·N·恰著，范铁城译：《印度古代史纲要》。

［日］佐佐木教悟等著，杨曾文、姚长寿译：《印度佛教史概说》第一章《序说》、第二章《古代印度的社会和宗教》。

［英］渥德尔著，王世安译：《印度佛教史》第一章《佛陀之前的印度文化》、第二章《佛陀时代的印度》。

季羡林：《原始佛教的历史起源问题》，载于《佛教与中印文化交流》。

思考题

1. 略述佛教起源时十六国概况。
2. 佛教起源时的古代印度有哪些外道？
3. 原始佛教为什么能在印度迅速发展？

第二章　释迦牟尼其人

学术界曾有人怀疑过历史上是不是确有释迦牟尼其人，前苏联佛教学者科切托夫著《佛教的起源》称："分析经典著作与研究早期佛教艺术，可以证实佛陀的虚构性。现在坚持佛陀符合史实性的，只不过是佛教徒和一些资产阶级科学的代表人物罢了。"[①] 佛陀是梵文 Buddha 的音译，略称为佛，意译觉悟。此处特指佛教创始人释迦牟尼。

科切托夫的观点代表了前苏联和西欧一些佛教学者的观点，但经考古材料证明，历史上确有释迦牟尼其人，他不同于基督教的"创始人"耶稣，他不是神，而是人。在释迦牟尼的诞生地有阿育王立的一个石柱，说明这里是释迦牟尼的出生地。我国玄奘著《大唐西域记》卷六记载说："城东南窣堵波，有彼如来遗身舍利，前建石柱，高三十余尺，上刻狮子之像，旁记寂灭之事，无忧王建焉。……次北窣堵波，有彼如来遗身舍利，前建石柱，高二十余尺，上刻狮子之像，旁记寂灭之事，无忧王之所建也。"[②] 如来是佛的一种称号，意谓"如实而来"，此处特指释迦

① 李渊庭译本，第 37 页。

② 季羡林等校注：《大唐西域记校注》，第 514—515 页。

牟尼佛。舍利大概可以解释为出家人遗体火化后形成的晶体。无忧王即阿育王。

印度考古学者根据玄奘的记载，真的在这里发现了释迦牟尼的舍利坛，这就彻底推翻了科切托夫等人否认历史上确有释迦牟尼其人的观点。

第一节　释迦牟尼的生平

释迦牟尼是梵文 Śākyamuni 的音译，意译为释迦族的圣人。这是佛教徒对他的尊称，并不是他的真实姓名，他的真名是悉达多（Siddhārthaa），意译“一切义成”。族姓乔达摩（Gautama），意译为最好的牝牛，这显然是图腾崇拜的残余。佛教虽然已经由自发宗教[①]发展为人为宗教[②]，但仍然保留着图腾崇拜的残余，如释迦牟尼的大弟子迦叶（Kāśyapa），意为乌龟，部派佛教中的鸡胤部被认为是鸡的后代，犊子部被认为是牛犊之子孙。

释迦牟尼是古印度迦毗罗卫国（在今尼泊尔泰来地区的梯罗拉柯提）净饭王的皇太子，属刹帝利种姓。关于他的生卒年，佛教典籍众说纷纭，据汉译《善见律毗婆沙》的《出律记》，大致可以推断为公元前 565—前 485 年的人，大体与我国的孔子（公元前 551—前 479 年）同时，享年八十岁。东南亚佛教徒一般认为释迦牟尼的卒年为公元前 545 年，所以 1956 年各国都举行佛涅槃两千五百年的盛大纪念活动。

释迦牟尼的母亲摩耶夫人是邻国拘利族天臂王的公主，根据印度人的习惯，妇女应在娘家生孩子。相传摩耶夫人在归父国途中，于兰毗尼园分娩。释迦牟尼的生日，大乘佛教一般认为是四月初八，所以中国等大乘佛教徒把这一天定为佛诞节。斯里兰卡等上座部佛教徒则把佛诞节定为公历 5 月的月圆日，相当于我国

① 自发宗教，是在群众中自发形成的宗教。

② 人为宗教，借助于人为力量形成的宗教。

农历四月十五，还认为佛的诞生、成道和涅槃都在这一天，把这一天定为吠舍怯（Veśaka）节。佛教神话传说：释迦牟尼诞生时，有九龙喷香水浴佛身的故事，所以在这一节日里，一般要举行法会，以香水灌洗佛像，施舍僧侣，供养花卉等。

王子生后，净饭王请星相家阿私陀为太子相面，这位相师预言：太子如果为王的话，即作转轮王，但他不会执着于眼前的五欲境界，肯定会舍王位而出家修行，未来必定成佛。净饭王为了表示对太子的敬重，释放所有的囚犯，祭祀善神，行布施，积累大量功德。

相传释迦牟尼生后七天，母亲摩耶夫人逝世，由其姨母摩诃波阇波提抚养成人，摩诃波阇波提被净饭大王选为王妃。太子性格温柔，被称为"怯懦太子"。生后七天，一手指天，一手指地，说："天上天下，唯我独尊。"这种传说也反映了婆罗门教和佛教之间的斗争，佛教承认婆罗门教诸神的存在，但他们必须处于佛的统治之下。

释迦牟尼在皇宫里过着十分富有的生活，净饭王为他修建了寒、暑、温三时宫殿，让六万婇女陪伴他过花天酒地的生活。他从小就受到刹帝利青少年应受的全部教育，不仅学文，而且习武，他学过哲学、法律、天文、数学、医学、地理等学科，还兼练骑射和剑术。

太子看到社会上贫富悬殊，人与人之间的关系极不平等。还见到农夫耕地时，有很多小虫被掘出，被鸟儿吃掉。他觉得这种弱肉强食的现象令人十分恐怖和痛苦，总是郁郁不乐。净饭王为了消除儿子的忧思，让十七岁的太子与天臂城善觉王的长女耶输陀罗结婚，后生子罗睺罗。佛教经典对教主释迦牟尼娶妻生子之事进行了解释，《根本说一切有部毗奈耶破僧事》卷四称，夫人与诸婇女陪伴释迦牟尼度日，他这样想："若不与其为俗乐者，恐诸外人云我不是丈夫。"①

娶妻生子没能改变释迦牟尼的根本思想。释迦牟尼二十九岁

① 《大正藏》卷二四，第115页。

的时候，有感于生、老、病、死等人世间的痛苦现象，决计出家以求解脱。跟随他一起出家的有阿若憍陈如、阿说示、跋提、十力迦叶和摩诃男拘利五人，史称五比丘。比丘是梵文 Bhiksu 的音译，俗称和尚。

释迦牟尼首先到摩揭陀国首都王舍城附近，跟数论[①]大师阿罗逻迦罗和乌陀迦罗摩罗学习禅定，然后到尼连禅河西岸的奴唯拉村修苦行。他穿粗衣，卧荆棘，与腐烂的尸体睡在一起，把食物减到十分可怜的地步，甚至每天只吃一粒米。苦行六年毫无所获，被折磨得濒于死亡，于是决定放弃苦行。五比丘认为他叛变了，就和他分离，到鹿野苑去继续修苦行。

释迦牟尼停止苦行恢复体力以后，又到处游行，寻求解脱之道。后到菩提伽耶的毕波罗树下静坐沉思，突然悟道，此时他已经三十五岁。从此以后，毕波罗树改名为菩提树，菩提是梵文 Bodhi 的音译，意译觉悟。又传说他悟道的日子是阴历十二月初八，所以佛教徒把这一天定为佛成道节。又传说释迦牟尼因苦行饿得骨瘦如柴，奄奄一息。后因牧女送他乳糜，食后体力方得恢复。所以中国佛教徒于佛成道节要煮粥供佛，称为“腊八粥”。嗣后，吃腊八粥演变为民间节日。

释迦牟尼成道后，就开始弘扬佛法。首先到鹿野苑度五比丘，组成佛教史上最早的僧团组织。后在北印度和中印度恒河流域进行传教活动。先到波罗奈国，俱梨迦长者和夫人皈依佛陀，成为最早的优婆塞（Upāsaka，男居士）和优婆夷（Upāsika，女居士）。俱梨迦的儿子耶舍及其五十个同伴也一起跟佛出家。释迦牟尼又到迦耶山度迦叶三兄弟，他们都是事火外道领袖。老大优楼频罗迦叶，有五百徒众。老二伽耶迦叶，老三那提迦叶，各有二百五十徒众。三兄弟率弟子共同皈依佛教。释迦牟尼又率领弟子们离开尼连禅河优楼频罗迦叶的苦行林，来到灵鹫山，王舍城人民欢喜异常，摩揭陀国王频婆娑罗王尤甚，因为悉达多太子

① 数论，古印度哲学派别之一，创始人是迦毗罗，以自性、神我（灵魂）等二十五谛说明宇宙万有。经典是《数论颂》，汉译《金七十论》。

在此经过的时候，频婆娑罗王曾想把半个国家分给他，要求太子证悟后首先来度他，今天果真变为现实，其兴奋心情可想而知。他率领大臣、眷属等前往灵鹫山迎接。优楼频罗迦叶现身说法，说明他为什么从拜火教改信佛教。佛陀为频婆娑罗王说明无我、无我所的空理，使频婆娑罗王很受感动，于是皈依佛陀为弟子。

这位国王为释迦牟尼佛建造了竹林精舍，这是印度佛教史上第一座佛教寺院。这座精舍分十六大院，每院有六十间房屋，还有五百楼阁，七十二座讲堂。舍利弗和目犍连在竹林精舍率二百人共同出家。佛陀常住竹林精舍弘法。有一天，佛陀暂离精舍，登上灵鹫山坐禅，在此遇见舍利弗的舅父长爪梵志，他是一位很有名的外道仙人，经过佛陀教化，他也改信佛教。

有一天，佛陀患病，频婆娑罗王叫来御医耆婆为佛治病，耆婆把国王赠给他的一件衣服布施给佛陀，王舍城的人听说后，也都为佛弟子布施衣服。这条消息感动了住在王舍城附近的摩诃婆罗陀村富豪大迦叶，皈依佛陀为弟子。

佛在竹林精舍的时候，环绕在他周围的弟子越来越多。有一天，王舍城的首罗长者受佛教化，倍生敬重之情，想请佛陀到家受供，正好遇见须达从舍卫城远道而来，听说后非常向往佛陀，在寒林见到佛陀，佛陀为他说法，须达长者受其感化而皈依佛陀。他想建一座精舍布施给佛陀，经过他的选择，以黄金布地买下憍萨罗国波斯匿王太子的园林，建成祇园精舍。这座精舍比竹林精舍还要大，住房寝室数百幢，还有礼堂、讲堂、集会堂等。此事引起外道的嫉妒，要和舍利弗辩论，舍利弗终于获胜，使外道徒众纷纷皈依佛陀。

憍萨罗国的波斯匿王，获悉祇陀太子将花园卖给须达长者为佛陀建精舍，开始他对此不理解，很想知道佛陀是怎样一个人。他率领百官大臣来到祇园精舍拜见佛陀，佛陀为他说法，演讲八正道，波斯匿王为之感动，皈依佛陀为在家弟子，成为佛教护法王。

波斯匿王派遣使臣给释迦牟尼的父亲净饭大王送去一封信，

说明悉达多太子已经成为大觉大悟的佛陀，七天后要回迦毗罗卫，净饭王很高兴，派大臣优陀夷前往迎接，但优陀夷经佛陀教化而出家为僧。七天后佛率弟子回到迦毗罗卫，靠乞食为生，净饭王率大臣迎接，对此举动很不满意，认为乞食使他丢脸，佛为父王讲说佛教道理，净饭王才高兴起来。佛在此见到爱妻耶输陀罗和儿子罗睺罗，对他们讲了人生无常的佛教真理。

佛陀回到迦毗罗卫国弘法，引起很大震动，王弟白饭王的儿子提婆达多和阿难、甘露饭王的儿子阿那律、斛饭王的儿子跋提和婆娑等，都想出家作佛的弟子。阿那律王子首先把自己的想法告诉给跋提王子。他们瞒着宫里人，私自找理发匠优婆离剃除头发，优婆离和他们一起出家。当佛子罗睺罗来到尼拘陀林的时候，佛陀让其弟子舍利弗为他剃度为沙弥，受十戒。

佛陀在祖国逗留三个月，带领弟子回祇园精舍弘法，数年后又回到王舍城灵鹫山的竹林精舍安居。此时他得到父王病危的消息，带领弟子阿难、罗睺罗等赶回迦毗罗卫。不久后，九十三岁高龄的净饭王离开了人世，佛陀率弟子为父王抬棺送葬，尽最后孝心。净饭大王逝后，大将摩诃那摩执政迦毗罗卫国。

当佛陀暂住在拘陀林的时候，姨母摩诃波阇波提夫人率五百释迦族女人来找佛陀，要求出家。开始佛陀不允许，理由是以前诸佛都不允许女人出家。为了避开她们，佛陀率弟子到那摩提犍尼精舍去教化，摩诃波阇波提率众女子剃光脑袋，穿上袈裟，以示出家之决心，又经阿难多方劝说，佛陀才答应了，佛陀为她们规定八敬法①。不久后，佛妻耶输陀罗也出家为比丘尼，佛陀对此很感慨地说："若不听女人出家受具足戒，佛之正法住世千岁。今听出家，则减五百年。"② 具足戒是年满二十岁以上出家人所受的戒律，只有受具足戒后方可取得僧尼资格，根据《四

---

① 八敬法：（1）百岁比丘尼，见新受戒之比丘，也要起而行礼，敷净座请坐；（2）比丘尼不能骂谤比丘；（3）不能举比丘之罪；（4）式叉摩那已学戒，应从众僧求受大戒；（5）比丘尼犯僧残罪，应在半月内在二部之僧中行摩那埵；（6）尼于半月内当于僧中求教授之人；（7）比丘尼不可在比丘处夏安居；（8）夏讫则当诣僧中，求自恣之人。

② 《五分律》卷二九，见《大正藏》卷二二，第186页。

分律》的规定，比丘戒二百五十条，比丘尼（Bhikṣuni，尼姑）戒三百四十八条。释迦牟尼这段话的意思是说，如果不让妇女出家，佛法可以在世上弘扬一千年，现在允许妇女出家，佛教的寿命要减少五百年。

佛陀的弘法，并非一帆风顺，也曾受到变志人的暗算，其中最著名的是其弟子提婆达多。此人历来野心勃勃，见到其他王子很受佛陀的慈爱，自己却受冷落，对此怀恨在心，千方百计暗害佛陀，买通坏人暗杀未成，又从高山推下乱石，想以此法砸死佛陀，亦未成功，又放醉象踏杀，又未成功。提婆达多的恶行受到阿阇世王的支持，阿阇世王想作新王，提婆达多想作新佛。提婆达多想作新佛的梦想虽未实现，阿阇世王想作新王的企图却如愿以偿，他因杀了父亲频婆娑罗王，篡夺了王位。提婆达多死后，阿阇世王在名医耆婆的劝导下皈依了佛陀。

释迦牟尼经过四十五年的传教活动，最后来到末罗国的首都拘尸那迦城（今联合邦的迦夏城）郊沙罗树下逝世，时年八十岁。他去世的原因相传是吃了铁匠准陀给他的猪肉。临终前度外道须跋陀罗，这是他的最后一个弟子。

释迦牟尼临涅槃前留下遗教：佛涅槃后，以戒为师；依四念处而往；遇恶人应默摈置之；佛涅槃后，为了使人们对佛经起信，一切经首应说“如是我闻”。

释迦牟尼涅槃的时间，南、北佛教说法不一，北传佛教认为是二月十五日，所以北传佛教把这一天定为佛涅槃节。佛教寺院届时举行涅槃法会，诵《遗教经》等。

佛涅槃后，拘尸城的末罗族得其舍利，各国国王率兵前来征讨拘尸城，想以武力夺取佛舍利，后经调解，由摩揭陀国阿阇世王领导，八国共分舍利，造塔供养。

第二节　释迦牟尼的政治主张

佛教产生时，印度阶级压迫的突出特点是种姓制度，只有婆罗门、刹帝利、吠舍三大种姓可以加入婆罗门教，称为再生族，意思是婆罗门教能够给他们第二次生命，首陀罗种姓无权加入婆罗门教，所以称为一生族。婆罗门教规定：只有再生族才有权诵《吠陀》，一生族首陀罗只要偷听《吠陀》，就要受到熔铅灌耳和割舌头的处罚。首陀罗种姓属于奴隶阶层，处于社会最低层，受着奴隶主阶级残酷的压迫剥削。“婆罗门对杀死一个首陀罗所作的忏悔同杀死一个猫、一只青蛙、一条狗或一只乌鸦所作的忏悔一样。”①

针对这种情况，释迦牟尼提出了种姓平等的政治主张。四个种姓的人都可以加入他的僧团，加入他的僧团以后，都要舍离原来的种姓，称为沙门释种子。就像恒河、阇牟那河、阿夷罗跋提河等江河大川，它们虽然各有自己的名称，但汇入大海以后，便舍弃了原名，而为大海。

释迦牟尼的“种姓平等”主张，主要针对婆罗门教倡导的“婆罗门至上”主义。释迦牟尼认为：婆罗门像其他三个种姓一样，不能摆脱因果律的支配，“若有不善行有不善报，为黑冥行有黑冥报，必在婆罗门种，……则婆罗门不得独称我种清净最为第一”②。意思是说：婆罗门和其他三个种姓一样，善有善报，恶有恶报，和其他种姓一样平等地轮回③。这是必然的，亮无疑义的。

释迦牟尼所处的时代，由于战争频繁，发动战争、管理国家的刹帝利种姓要求无限制地扩大自己的权利，占据第一种姓地位

---

① R. P. 萨拉夫：《印度社会》，北京版，1977 年，第 371 页。

② 《长阿含经》卷六《小缘经》，《大正藏》卷一，第 37 页。

③ 轮回，佛教认为有情众生死后又生，生后又死，不断受苦，此称轮回。

的婆罗门是它的最大障碍，所以释迦牟尼一再制造舆论，要让刹帝利种姓居首位。佛教经典中有很多地方把刹帝利放在第一位，试举例如下：①

《长阿含经》卷二《游行经》称："世有八众，何谓八？一曰刹利众，二曰婆罗门众，三曰居士众，四曰沙门众，五曰四天王众，六曰忉利天众，七曰魔众，八曰梵天众。"②

《长阿含经》卷二十《阿摩书经》称："世有四姓：刹利、婆罗门、居士、首陀罗。"③

《中阿含经》卷一《善法经》称："谓比丘不知此刹利众、此梵志众、此居士众、此沙门众。"④

《中阿含经》卷五《木积喻经》称："若抱刹利女、梵志女、居士、工艺女。"⑤

《杂阿含经》卷四四称："若刹利，若婆罗门，若鞞舍，若首陀罗。"⑥ 鞞舍即吠舍。

《增一阿含经》的《声闻品》称："若法在世，便有四姓在世：刹利、婆罗门、工师、居士。"⑦

《增一阿含经》的《苦乐品》称："云何为四？刹利、婆罗门、长者、居士种。"⑧

《增一阿含经》的《七日品》称："初有刹利种，次有婆罗门，第三名毗舍，次复首陀罗。"⑨

像这样的例子在《阿含经》中还有很多，举不胜举！一般认为《阿含经》的内容最接近释迦牟尼的本意。

释迦牟尼为了说明自己的理想社会，还创造了自己的理想君

---

① 以下所引资料，参阅季羡林著《罗摩衍那初探》第89页。
② 《大正藏》卷一，第16页。
③ 《大正藏》卷一，第82页。
④ 《大正藏》卷一，第421页。
⑤ 《大正藏》卷一，第425页。
⑥ 《大正藏》卷二，第338页。
⑦ 《大正藏》卷二，第653页。
⑧ 《大正藏》卷二，第658页。
⑨ 《大正藏》卷二，第737页。

王——转轮圣王。转轮圣王治理的世界是佛教的理想社会，转轮圣王是人格化的神，他有七种宝贝：征服世界的武器轮宝、到处巡游的御乘象宝和马宝、夜中照明的珠宝、温顺贤惠的女宝、智谋双全的将军宝、善于探明宝藏的居士宝。转轮圣王由于使用的轮宝不同而分为金、银、铜、铁四种，金轮王手持金轮宝，统治四天下；银轮王手持银轮宝，统治三天下；铜轮王手持铜轮宝，统治二天下；铁轮王手持铁轮宝，统治一天下。

在转轮圣王的统治下，盛世太平，风调雨顺，五谷丰登，人民富足，无比欢乐，幸福长寿。处于水深火热中的人民大众当然向往这样一种社会。

转轮圣王处理国际关系的原则是：各民族一律平等，各国之间和平共处，尊重小国的独立权力，不必向大国纳贡。反对大国欺负小国，反对强国欺负弱国。这种主张显然是针对当时战乱形势讲的。

释迦牟尼所属的释迦族，在弱肉强食的时代一直受欺凌。他的祖国迦毗罗卫，与强大的憍萨罗国为邻，常受威胁。憍萨罗国的波斯匿王，想娶迦毗罗卫国美女为妻，摩诃那摩大王让自己的女奴茉莉假装为自己的女儿嫁给波斯匿王，并生琉璃太子。太子八岁时去迦毗罗卫国学射术。有一天，他到佛陀弘法的讲堂去玩耍。迦毗罗卫国人认为女奴生的孩子不洁净，污秽了圣地，赶快把琉璃太子送回憍萨罗国，凡是琉璃太子所到之处，一律掘地七尺，重新换上浮土。琉璃太子知道后，勃然大怒，发誓成王后，要消灭迦毗罗卫国。当波斯匿王外出时，琉璃太子杀死父王的侍卫，夺去王冠和国王所佩的宝剑。八十岁高龄的波斯匿王获悉后，躲到迦毗罗卫国避难。琉璃太子继承王位后，率兵讨伐迦毗罗卫国，释迦牟尼佛坐在憍萨罗国军队的必经之路，迫使琉璃王撤军。他以这样的方式四次迫使琉璃王退军。

佛陀认为迦毗罗卫国今天受侵，是人们的共业造成的，是不可避免的，当琉璃王第五次率军入侵时，他不再阻拦。琉璃王的军队冲破迦毗罗卫城，对释迦族进行残酷的大屠杀，把人们的脚埋在地下，驱使暴象踏杀，佛经记载，共杀九千九百九十多万人（数字显然是夸张），血流成河。最后放火烧毁迦毗罗卫城。迦毗罗卫国的摩诃那摩王为了解救本国人民，自溺身亡。摩诃那摩王向琉璃王要求：在他潜水其间，让迦毗罗卫国人逃走，琉璃王答应了他的要求。所剩迦毗罗卫国人逃完后，摩诃那摩王仍未出水。琉璃王派人到水下查看，摩诃那摩王把头发绑在树根，自溺身亡。

当琉璃王的军队入侵迦毗罗卫的时候，有十五个儿童要奋起反抗，被释迦族的长老训斥了一顿，长老说："释迦牟尼教导我们不杀生，如要杀生，就要下地狱。"①

阿阇世王曾想向越祇国发动战争，派大臣雨舍去向佛陀了解越祇国的情况。佛陀和身旁的弟子阿难说："越祇国的政治自由平等，越祇国的人民团结一致，很有教养，他们孝敬父母，邻里乡亲和睦共处，尊师重道，敬老恤贫，信仰佛教，恭敬沙门，遵守五戒，和平幸福，国泰民安。这样的国家，外国入侵，不可能取胜。"雨舍听后，回国劝说阿阇世王，不再向越祇国发动战争。

第三节　释迦牟尼的佛教教义

释迦牟尼创立的佛教，在印度大体经历了四个发展时期：原始佛教时期、部派佛教时期、大乘佛教时期、密教时期。

从释迦牟尼创立佛教到形成部派佛教的一段时间称为原始佛教时期。原始佛教又称为早期佛教或初期佛教。时间约为公元前6世纪中叶到公元前4世纪中叶。研究原始佛教所依据的主要经典是四阿含，即《长阿含经》《中阿含经》《杂阿含经》《增一阿含经》。还有南传巴利文经藏五阿含：（1）《长部经典》，相当于汉译《长阿含经》；（2）《中部经典》，相当于汉译《中阿含

① 见《增一阿含经》卷二六《等见品》。

经》；（3）《相应部经典》，相当于汉译《杂阿含经》；（4）《增支部经典》，相当于汉译《增一阿含经》；（5）《小部经典》，我国大部分缺译。

释迦牟尼创立佛教的时间一般以他在鹿野苑初转法轮算起。按照佛教的规定，四人以上方可成立僧团组织，释迦牟尼在鹿野苑初转法轮时已度憍陈如等五人，成立了最初的僧团。规定加入佛教僧团的人要做到三皈依：皈依佛、皈依法、皈依僧。佛、法、僧是佛教的三宝，“佛”原指佛教创始人释迦牟尼佛，后泛指一切佛；“法”是佛的教法；“僧”是继承、弘扬佛法的僧众。

释迦牟尼说教的主要内容是四圣谛、八正道、十二因缘。

四圣谛是四条神圣的真理：苦、集、灭、道。苦谛说明人生痛苦的现象，一般来讲有八苦：（1）生苦。婴儿处于母胎或出胎时的痛苦。《五王经》描述得非常具体：“母瞰一杯热食，灌其身体如入镬汤，母饮一杯冷水，亦如寒冰切体，母饱之时，迫迮身体痛不可言，母饥之时，腹中了了亦如倒悬，受苦无量。至满月欲生之时，头向产门，剧如两石挟山，欲生之时，母危父怖，生堕草上，身体细软，草触其身，如履刀剑，忽然一声大呼。”[①]（2）老苦。由于年老而造成的痛苦。（3）病苦。疾病造成的痛苦。（4）死苦。死亡时的痛苦。（5）爱别离苦。与亲爱的人分离造成的痛苦。（6）怨憎会苦。和讨厌的人在一起所造成的痛苦。（7）求不得苦。由于自己的欲望要求得不到满足而造成的痛苦。（8）五盛阴苦。“五盛阴”即构成人体的五蕴，亦称五众：色、受、想、行、识；“色”是各种物质现象，包括眼、耳、鼻、舌、身五根和色、声、香、味、触五境等；“受”是感觉，包括苦受、乐受、不苦不乐受；“想”是印象，即摄取青、黄、赤、白以及长、短、方、圆等事物的相状；“行”是人的思维活动；“识”是对所认识的事物进行判断和推理。五盛阴苦是人身所经受的各种痛苦现象。

集谛是讲造成上述痛苦的原因，即“业”（由欲望而引起的

① 《大正藏》卷一四，第796页。

行为）和“惑”（对佛教义理的愚昧无知）。

灭谛是讲造成痛苦的“业”和“惑”是可以消除的，只要消除了造成痛苦的原因，就可以达到佛教所追求的最高解脱境界——脱离生死轮回的涅槃。

道谛是要人们相信有一条解脱痛苦的途径。

八正道，即四圣谛中的道谛，包括：（1）正见，对无常、无我、缘起、四谛等佛教义理的“正确”理解；（2）正思惟，“正确”思考四圣谛等佛教义理；（3）正语，使自己的话符合佛教义理的规定，不说违背佛法的话；（4）正业，使自己的身业（行为）、口业（说话）、意业（思惟）受“正见”的指导，使之符合佛教义理的规定；（5）正命，按照佛教戒律的规定，过“正当合法”的生活；（6）正精进，在“正见”的指导下，努力学习佛法和修行；（7）正念，经常怀念“正见”，永不忘怀；（8）正定，按照佛教的规定进行禅定。

总之，所谓“八正道”是要人们在日常生活中不管是想，是说，是做，都要按照佛教的教义去办，要人们的一切行动、想法都要受佛教教义的约束。

“缘起论”也是释迦牟尼说教的主要内容之一，他对“缘起”的解释如下：“我今当说缘起法，谓此有故彼有，此生故彼生……此无故彼无，此灭故彼灭。”① 意思是说：有条件就有相应的事物，条件产生，相应的事物就要产生。没有条件就没有相应的事物，条件消灭了，相应的事物就随之而消灭。佛教认为，一切事物都是由条件（缘）和合而成的。释迦牟尼对“缘起”是非常重视的，他认为只要能够理解“缘起”论，就能够理解佛法，只要能够理解佛法，就能够理解佛。相传释迦牟尼的大弟子阿说示作了一首“缘起偈”，很多佛教寺庙里都刻有这首偈（诗）。偈称：“诸法因缘生，缘谢法还灭，吾师大沙门，常作如是说。”沙门是梵文 Śrāmana 的音译，除婆罗门教之外的出家人

① 《杂阿含经》卷一二，《大正藏》第二卷，第85页。

都称为沙门，后专指佛教僧侣，此处特指佛教创始人释迦牟尼。这首偈的意思是说：一切事物都是由于因缘和合而产生，因缘破灭，相应的事物就随之而消灭。我（阿说示）的老师释迦牟尼经常进行这样的说教。

释迦牟尼又根据他的“缘起”论创立了十二因缘的理论，用以分析人生苦难的原因。十二因缘又称为十二缘起或十二缘生，它认为，人的生命起源及其发展是由十二个相互联系的环节构成的。这十二个环节是：（1）无明，意谓对释迦牟尼讲的缘起、无常、无我等不能理解，因而引起烦恼，产生各种善行和恶行。（2）行，即行为，包括身行、语行、意行三种，三行又称为三业。行是由无明引起的，所以无明是“行”产生的“缘”（条件）。（3）由行而产生识，包括眼、耳、鼻、舌、身、意六识。（4）由识而产生名色，名色是由色、受、想、行、识五蕴组成的人体组织，“名”是构成人体的精神要素，相当于五蕴中的受、想、行、识四蕴；“色”是构成人体的物质要素，相当于五蕴中的色蕴，又具体分为地、水、火、风、空五种，佛教认为，地的坚性、水的湿性、火的热性、风的动性、空的空隙都是构成人体的要素。（5）有了名色这种精神和肉体的复合体，从而便有了六处：眼内处、耳内处、鼻内处、舌内处、身内处、意内处，也就是眼、耳、鼻、舌、身、意六根。六根和六识分别缘取色、声、香、味、触、法六尘。“色”包括青、黄、赤、白等显色和长、短、方、圆等形色。“法”泛指一切事物。（6）由六处而生触，即有了六种感觉器官，便从而与外界发生了接触。“触”为六触身：眼触、耳触、鼻触、舌触、身触、意触。有了“触”，就可以使根、境、识三者和合而产生相应的心理活动。（7）由触而生受，即由于和外界的接触而产生了感受。“受”包括苦受、乐受和不苦不乐的舍受。（8）由受而生爱，“爱”有三种：欲爱、色爱、无色爱，与欲界、色界、无色界相对应，“爱”是在三界的生命欲。（9）由爱而生取，“取”意谓追求执着，具体分为欲取、见取、戒禁取、我语取。戒禁取是外道

（非佛教派别）的一种见解；我语取是发表种种“我见”（主张有灵魂的见解）之言论。（10）由取而生有，“有”意谓存在，即存在于欲界、色界、无色界，所以三界又称为三有。（11）由有而生，“生”即产生，由五蕴、十二处（六根和大境）、十八界（六根、六境、六识）构成命根。（12）由生到老死。

佛教用十二因缘解释三世轮回理论。“因”一般指内因，“缘”一般指外部条件，但在这里，二者是等同的。以无明和行作为过去世的因，识、名色、六处、触、受则为现在世的果；由爱、取、有作为现在世的因，生和老死则成为未来世的果。此称“三世两重因果”。佛教认为，任何一个生命体，在没有获得解脱之前，都要按照这样的因果律轮回流转，永远受苦，直至涅槃。

释迦牟尼的教诲可以概括为三句话：诸行无常、诸法无我、涅槃寂静，此称三法印。“印”为国王的印玺，可以用以证明文件是不是真实的，如果是真实的，即可通行无阻；如果是虚假的，就要受到阻碍。“法印”的“法”字系指佛法，所以三法印是衡量是不是真正佛教的三条标准。佛教认为，只要理解了这三句话，对一切佛法都可通达无碍，就像带着国王的印玺通行无阻一样。

诸行无常的“行”字是迁流变化的意思，所以“行”字本身就含有无常的意思。所谓“诸行无常”是说一切事物都不是永恒的，时时刻刻都在发生变化，宇宙万有都有生、住、异、灭四相，“生”即产生，“住”是事物的持续状态，“异”是事物的变化，“灭”是事物的毁灭。人也像十二因缘所揭示的那样有生、老、病、死等相。

佛教所说的“生”是缘生，即由于因缘和合而产生，极力反对婆罗门教梵天或大自在天产生万物的主张。有人以此为根据说佛教是“无神论”的宗教，这种观点我们当然是不能同意的，因为佛教仅仅反对创世神，并不否定其他鬼神的存在，婆罗门教的很多神佛教都吸收过来，如婆罗门教的梵天被佛教吸收以后，称为大梵或梵王，为色界初禅天之主[①]，住梵王宫。婆罗门教的护持神毗湿奴被佛教吸收，称为遍净天、遍入天等。婆罗门教的毁灭神湿婆（大自在天）被佛教吸收以后称为三千界之主，还称他为十住菩萨，住色界之顶。湿婆的儿子被佛教吸收以后被改造为韦陀天神[②]。婆罗门教的雷雨神因陀罗被佛教吸收以后称为释提桓因，或称为天帝释、帝释等，作为三十三天（忉利天）之主，住在须弥山上[③]。经过佛教改造和发展的婆罗门教诸神就更多了，如佛教把婆罗门教的司法神伐楼拿改造成为转轮圣王，把婆罗门教的财神俱比罗改造成为多闻天神，把娑罗室伐底改造成为文殊菩萨的老婆——妙音佛母，把双马童改造成观世音，把地母神改造成为地藏菩萨等。像这样的例子举不胜举。佛教所讲的六道轮回中就有天神、恶神阿修罗、饿鬼、地狱等。所谓佛教是“无神论”宗教的观点是根本站不住脚的。

第二法印“诸法无我”也是佛教和婆罗门教进行斗争的产物，婆罗门教主张有我（灵魂），佛教主张没有起主宰作用的灵魂。佛教的“无我”主张和它宣扬的轮回理论是矛盾的，既然“无我”，谁去轮回呢？轮回的主体是什么？对于这一系列的问题，佛教是无法回答的。因此，部派佛教中的犊子部直接提出“有我”主张，其他部派以及以后的大乘佛教尽管反对，但又不得不提出变相的“我”。

有人根据佛教的“无我”（无灵魂）的理论说佛教是“唯物主义”的佛教，这同样是站不住脚的，佛教讲过去、现在、未来三世，讲轮回，这不是露骨的唯心主义吗？唯物主义认为，精神是物质的产物，人死了，精神也就没有了，不承认前生和来世，佛教的“三世”理论和唯物主义观点是根本对立的。

第三法印是涅槃寂静，佛教认为有生必有苦，要想消灭苦，

---

① 色界是佛教三界（欲界、色界、无色界）之一，在此居住者已无欲望，但有居住的宫殿和形体，色界初禅天包括梵众天、梵辅天、大梵天。

② 韦陀，南天王八大神将之一，自唐道宣梦此神后，把他列为佛教的护法神之一。

③ 须弥山，印度神话中的山名。

就得消灭生，就要跳出轮回，渡过“苦海”，到达彼岸。佛教把这种解脱境界称之为涅槃寂静。

有人把涅槃解释为死，这是不确切的，也是片面的。小乘佛教把彻底死亡解释为涅槃，大乘佛教坚决反对。大乘空宗认为，只要认识到“诸法实相”（空）就可以达到涅槃。《大般涅槃经》把常、乐、我、净涅槃四德（属性）说成是永生常乐的佛身。

释迦牟尼认为，要想达到涅槃，就要修戒、定、慧三学。“戒”是佛教徒应当遵守的戒律，有五戒、八戒、十戒、具足戒之分，五戒是出家和在家信徒共同遵守的戒律，包括戒杀、戒盗、戒淫、戒妄语、戒酒。再加不眠坐高广华丽之床、不装饰打扮及观听歌舞、不食非时食（过午不食）即为八戒。十戒是沙弥应遵守的戒律，沙弥是梵文 Śrāmanera 的音译，是二十岁以下的男出家人，女性的称为沙弥尼。十戒包括不杀生、不偷盗、不淫、不妄语、不饮酒、不涂饰香鬘、不听视歌舞、不坐高广大床、不非时食、不蓄金银财宝。“定”即禅定，“慧”是认识事物的个性、共性及断迷证悟的智慧。

戒、定、慧三学包括四念住、四正勤、四神足、五根、五力、七觉支、八正道等三十七道品。

四念住亦称四念处：（1）观身不净，总想自己的身体如何如何的脏，不应爱惜它。由于释迦牟尼的这种说教，最初有不少佛教徒自杀，后来释迦牟尼又规定不许自杀。（2）观受有苦，认为人生在世，“一切皆苦”。（3）观心生灭，认为“心”是生灭无常的，并不是永恒的。（4）观法无我，认为一切事物，不管是有生物，还是无生物，都没有起主宰作用的灵魂。这是小乘佛教的四念住，大乘佛教的四念住与此不同，其内容是：观身如虚空、观受内外空、观心但名字、观法善恶俱不可得。这已不是释迦牟尼说教的原意了。

四正勤意谓四种“正确”的努力：（1）努力防止生恶；（2）努力断恶；（3）努力生善；（4）努力使“善”坚持到底，令其圆满。

四神足又称为四如意足，是能够得到神通的四种禅定方式：（1）欲如意足，由想得到神通的欲望力发起的禅定；（2）念如意足，亦称心如意足，由心念力发起的禅定；（3）精进如意足，由不懈的努力发起的禅定；（4）慧如意足，由智慧力发起的禅定。

五根是按照佛教的规定修行所依靠的五种内在条件：（1）信根，对佛教义理的坚定信仰；（2）精进根，亦称勤根，即上文讲的四正勤；（3）念根，即上述“四念住”；（4）定根，即四禅，可使人死后生于色界四禅天的四种禅定：初禅、二禅、三禅、四禅；（5）慧根，对四谛等佛教真理的认识。

五力，是由于五根的增长所产生的五种解脱力：（1）信力，坚定信仰佛教，排除各种“杂念”；（2）精进力，努力修行四正勤，以断除诸恶；（3）念力，修行四念住，以获八正道的正念；（4）定力，专心修炼禅定，以断除各种情欲烦恼；（5）慧力，观悟四谛法门，增长智能，以达解脱。

七觉支又称为七觉分、七菩提分等，觉是Sambodhi的意译，意谓觉了觉悟，七觉支是达到成佛觉悟的七种次第。七觉支如下：（1）念觉支，经常明记佛法明记定慧而不忘怀；（2）择法觉支，以佛教智慧分辨是非善恶真伪；（3）精进觉支，以勇猛之心，努力修行，坚持不懈，远离邪法，修行佛教真法；（4）喜觉支，由于觉悟了佛教善法，而使心生欢喜；（5）猗觉支，亦称轻安觉支，因为修止观，断除烦恼粗重，使身心轻松安适愉快；（6）定觉支，心专注一境而不散乱，思悟佛法，使贪欲忧患灭除；（7）舍觉支，又称为行舍觉支，舍除一切妄谬，舍除一切虚妄分别，以佛教正法平等看待一切事物，心无偏邪。

在三法印的基础上，再加“有漏皆苦”而成四法印。“漏”就是烦恼，佛教把贪、嗔（忿恨）、痴称为三毒，再加慢（傲慢）、疑（疑惑）、恶见（错误的见解）而称为六根本类恼，随顺六根本烦恼又产生很多随烦恼。忿、恨、覆、恼、嫉、悭、诳、陷、害、骄是小随烦恼，无惭、无愧是中随烦恼，掉举、昏沉、不信、懈怠、放逸、失念、散乱、不正知是大随烦恼。由于烦恼而造各种业（行为），由于业力而使众生在天、人、阿修罗（恶神）、畜生、饿鬼、地狱六道中轮回不息。

天道虽然使人向往，但是还没有摆脱轮回之苦。释迦牟尼的这种观点是针对婆罗门教的，因为婆罗门教把天神视为至高无上。

参考资料

1. 明旸：《佛法概要》第一章《释迦牟尼佛的一生》。

2. ［英］渥德尔著，王世安译：《印度佛教史》第三章《佛陀的生平》。

3. ［日］佐佐木教悟等著，杨曾文、姚长寿译：《印度佛教史概说》第三章《乔达摩·佛陀》。

4. 吕澂：《印度佛学源流略讲》第一讲《原始佛学》。

5. 季羡林：《论释迦牟尼》，载于《佛教与中印文化交流》。

6. 星云：《释迦牟尼佛传》。

7. 赵敬强：《佛祖释迦牟尼》。

8. ［斯里兰卡］罗睺罗著，顾严译：《佛陀的启示》。

9. 《杂阿含经》卷十五《谛诵》。

10. 《中阿含经》卷七《分别圣谛经》。

11. 《杂阿含经》卷十二《缘起诵》。

12. 《长阿含经》卷十《大缘方便经》。

思考题

1. 略述释迦牟尼佛的主要事迹。

2. 原始佛教教义主要有哪些内容？

第三章　释迦牟尼的十大弟子

1. 舍利弗尊者是略称，全称舍利弗多罗（Śāriputra），亦称身子、鹙露子等，属婆罗门种姓，因为持戒多闻，敏捷智慧，所以称为“智慧第一”。

其父多婆陀罗，是婆罗门教的著名论师。舍利弗生于摩揭陀国首都王舍城附近的迦罗臂拏迦村。舍利弗的舅舅拘稀罗恐于外甥超过自己，到处参学，指甲很长了，都顾不得修剪，故得“长爪梵志”之绰号。拘稀罗原为外道教徒，后随舍利弗皈依佛陀。

舍利弗自幼聪明过人，很早就通晓四吠陀、《奥义书》等婆罗门教典籍，能言善辩，八岁即登论师宝座，受到国王及臣民的高度赞赏，国王赐他一座村庄作为奖赏。二十岁时和同学好友拜外道六师之一的删阇耶为师，所以舍利弗最初是一个外道教徒，但不久后，对删阇耶产生不满情绪。有一天，在王舍城巧遇佛的大弟子马胜比丘，马胜比丘告诉他佛教导的“缘起偈”“因缘所生法，我说即是空，吾师大沙门，常作如是说”。舍利弗听后，欢喜异常，以为得到人间真理，与目犍连率二百弟子，到竹林精舍共同皈依佛陀。

舍利弗皈依佛陀成为著名的佛教徒以后，前往北印度弘法，憍萨罗国首都舍卫城的须达多，重金购买祇陀太子的花园，布施给释迦牟尼作为弘法基地，舍利弗任总设计师和总监工。此举激起外道徒众的激烈反对，他们嫉妒佛教的发展，要与舍利弗辩论，如果舍利弗辩论获胜，工程继续进行，如果辩败，立即停工，离开舍卫城。经过激烈辩论，舍利弗独自一人辩败十名外道论师，大大提高了佛教的威信，十名外道论师及其成千上万的外道徒众皈依佛陀，使佛教队伍迅速扩大。舍利弗的工程继续进行，包括六十所小殿堂，是舍卫城的著名建筑群。舍利弗不仅是著名的佛教理论家，也是一位名副其实的建筑师。

舍利弗是著名的大乘佛教徒，严格实行六度，自利、利他，相传他把自己的双眼布施给一位青年，治成药为其母治病，这是十足的菩萨行。有一次，佛率领弟子们外出布教，回来后，六群比丘抢占祇园精舍，舍利弗只好在树下就寝，这种忍让态度很受佛的赞赏。

因为舍利弗聪明过人，很受释迦牟尼的信任，释迦牟尼的儿子罗睺罗出家后，由舍利弗任亲教师。与此相反，释迦牟尼的堂弟提婆达多背叛佛教，由于得到阿阇世王的优厚供养，拉拢了很多徒众。舍利弗听说后，对此进行批评教育，使很多人承认错误，回到释迦牟尼佛的僧团。

大乘佛教徒认为，舍利弗是大根器者，不同于小根器的小乘佛教徒，所以释迦牟尼佛向他传授大乘教法，向他传授西方极乐世界和接引佛——阿弥陀佛。

佛陀在吠舍离附近的森林中说法后，公布一个惊人的消息，三个月后他将入灭。舍利弗通过禅定得知，佛的上首弟子都是先佛入灭，他作为上首弟子，也应当如此。得到佛的同意后，回到故乡，此时他已八十岁高龄，母亲已经是一百多岁的老人了。他向父母亲、侄儿均头沙弥、阿阇世王及其大臣告别后，在他诞生的房中安详入涅槃。释迦牟尼佛为他授记未来成佛，名号华光如来，再度来世教化众生，成就最高佛果。

2. 目犍连尊者是梵文 Mahāmaudgalyāna 的音译，所以全称为大目犍连或摩诃目犍连，常略称为目连，属婆罗门种姓，本名拘律陀，这原为树名，因祷其树神而生，故得其名。又称为大采菽氏，相传有位仙人，居于山中寂静处，以绿豆为食，目连的母亲与此仙人同族，随其母名，故称大采菽氏。与舍利弗尊者并称为佛的二胁侍，舍利弗是佛的右胁侍，目犍连是佛的左胁侍。

目犍连原为外道信徒，偶遇神通广大的辟支佛，心生欢喜，发誓来生求得神通，结果如愿以偿，所以在佛的十大弟子中号称“神通第一”。

佛经里有很多关于目连大显神通的故事，其中最著名的是目连救母和为法献身的故事。

目连以天眼看到去世的母亲正在饿鬼道受苦，喉如细针，皮骨相连，孝敬之情不禁油然而生，赶快施展神通，把饭菜送给母亲，母亲伸手去接，饭菜立即变成火炭，无法进食。目连不知什么原因，急忙请示佛陀。佛陀告诉他说：“你母生前谤佛谤僧，罪恶深重，所以受此恶报。”目犍连向佛请示如何拯救，佛告诉他说：“诽谤三宝大罪，一人无力拯救，只有十方僧众共同努力，才能拯救饿鬼道之苦。每年的七月十五日是僧自恣日，做子女者为了拯救七世父母及现在父母之苦，应设百味珍肴斋僧。”目连照此奉行，这就是盂兰盆会的来由。盂兰盆又称为救倒悬，饿鬼受苦，如人倒悬，只有以盆盛食斋僧，才能使之获得解脱。

目犍连多次与外道辩论获胜，外道徒众对此恨之入骨。有一天，他在伊斯阇梨山下通行，裸形外道[①]从山上推下乱石，将他砸死，成为佛教史上第一个殉教者。阿阇世王听说后，大发雷霆，将数千名裸形外道坑杀。比丘们听说后，纷纷向释迦牟尼佛提出问题，目犍连神通广大，完全可以逃避裸形外道的杀害，他为什么死于外道之手呢？释迦牟尼佛对此解释如下：神通阻挡不住业力，目犍连前生为渔夫，很多鱼死于他手，今生应当受此恶报。

3. 阿那律是阿那律陀（Aniradha）之略，是甘露饭王的次子，大将摩诃男的亲弟，释迦牟尼佛的堂弟。自幼聪明过人，擅长音乐、技艺等，长大后再三向父母请求出家。阿那律与跋提、

① 裸形外道，耆那教的天衣派，因为他们主张以天为衣（即裸体）而得其名。

阿难、提婆、劫宾那、婆娑、难提七王子并携理发匠优婆离共同出家。优婆离为七王子剃光头发以后，穿上袈裟，来到佛陀跟前。佛陀让他们在一间空屋住七天以后，忘记王子的尊严，才允许他们出家。

阿那律道风正派，性格倔强，他坚定拒绝一位少女的求婚，因喜好睡觉受到佛的批评以后，发誓尽形寿不睡眠，结果眼睛瞎了。尽管他双目失明，但他经过修炼金刚照明三昧而得天眼通，被称为“天眼通第一”。他曾对舍利弗说过他的净眼可以看见三千大千世界，舍利弗批评他：“你说你的净眼可以看到三千大千世界，这是我慢心。你说你可以飞翔天空，这是掉举心。你说你的心离染去执，这是狂妄心。”阿那律虚心接受舍利弗的批评。

阿那律曾向佛学菩萨行，学八大人觉法：（1）对世间和人生应有无常观、苦空观、无我观和不净观；（2）贪为万恶之源，所以要断贪；（3）知足常乐，安贫乐道；（4）精进努力行善，息灭烦恼；（5）努力学习佛法，勤于教化众生；（6）乐于助人；（7）不为尘世所染，过清净安乐的生活；（8）宁愿众生得离苦，不为自己得安乐。

佛临入涅槃前，阿那律守护在身旁，发誓维护四圣谛、八正道、十二因缘等佛的教诲，使佛安详入灭。

4. 阿难是梵文 Ānānda 的音译，意译欢喜，其父是白饭王，其兄是提婆达多。他和佛子罗睺罗一样，都是儿童时代加入僧团，在出家的释种七王子当中，阿难的年龄最小。

阿难因为长得漂亮，女难甚多，他对妇女的帮助也最多，他曾劝请佛陀允许姨母率五百释种女子出家为比丘尼。在他的影响下，对他表露爱情的摩登伽女也出家为尼，还多次为比丘尼施法。佛涅槃时，他首先安排比丘尼、优婆夷(女居士)向佛施礼。

阿难好学多闻，在十大弟子中号称“多闻第一”，很受佛陀赞赏。当佛陀五十三岁的时候，十九岁的阿难被选为佛的侍者，随从佛陀二十七年，赴各地弘法。

佛临入涅槃时，阿难应大家的请求，向佛陀提出以下几个问题：第一，佛涅槃后，以谁为师？第二，佛涅槃后以什么安住？第三，佛涅槃后，恶人如何调伏？第四，佛涅槃后，经典的结集怎样才能使人起信？佛回答说："以戒为师，依四念处安住，遇到恶人时默然处之，经首安立'如是我闻'，可以使人起信。"

佛涅槃后不久，在王舍城举行第一次佛教结集的时候，迦叶为上首，阿难诵出经藏。佛涅槃后，迦叶为首座大长老二十多年，一百多岁的迦叶涅槃后，年近八十岁高龄的阿难任首座大长老，阿难于百余岁入于涅槃。

5. 罗睺罗（Rāhula）是释迦牟尼的儿子，儿童时代出家，拜舍利弗为师，舍利弗为他授十戒，是佛教僧团中有沙弥之始。

因为罗睺罗是佛子，释迦牟尼佛对他要求特别严格，使之具足三千威仪、八万细行，在佛的十大弟子中号称"密行第一"。

6. 大迦叶尊者是梵文 Kāśyāpa 的音译，意译饮光。佛弟子中称为迦叶的很多，如十力迦叶、迦叶三兄弟等，为了与此相区别，故称大迦叶，因其年龄最长。大迦叶出生于摩揭陀国首都王舍城附近的摩诃娑罗陀村，属婆罗门种姓，其父是大富豪尼拘卢陀竭波，据说他的财产比国王还要多。大迦叶原名毕钵罗耶那，这原为一种树名，因为他生于此树下，故取此名。

大迦叶自幼聪明过人，八岁就按照婆罗门教的规定学习吠陀、五明、文学、数学等。长大后，父母强迫他与美貌少女妙贤成婚，但厌恶尘世的夫妻二人分床而住，父母认为新婚夫妇的房间摆两张床不吉利，拆去一张，大迦叶与妙贤轮流睡眠，轮流坐禅，如此度过十二年。父母死后，大迦叶与妙贤先后出家为比丘和比丘尼。在僧团中，大迦叶严格实行苦行，选择空闲处生活，坚持托钵乞食，常居一处，一日一食，乞食不得择贫富，穿粪扫衣等。所以在十大弟子中，他号称"头陀第一"。

相传佛在灵鹫山说法的时候，手持波罗花，一言不发，在座大众不解其意，只有大迦叶破颜微笑，于是佛陀把衣钵传给他，这就是衣钵真传的来由，所以大迦叶被中国禅宗列为西天第一代祖师。

大迦叶是第一次佛教结集的主持人，当他一百多岁时传法给阿难，到王舍城附近的鸡足山入于涅槃，阿阇世王等为此悲痛不已。

7. 迦旃延（Kātyāna）出生于南印度阿槃提国猕猴食村的一个婆罗门家庭，迦旃延是姓，名那罗陀，父亲是有权势、有财富的富裕国师。自幼学习婆罗门教最古的经典《吠陀》，其演讲能力远远超过哥哥，他曾劝说很多人皈依三宝，弘扬四姓平等理论，因为他擅长弘法，所以在佛的十大弟子中，他号称"议论第一"。

8. 富楼那（purāna）是略称，全名称为富楼那弥多罗尼子（Pūrnamaitreyani-Putra），他的主要事迹是不辞劳苦地弘扬佛法，他在弘法过程中精进努力，技艺高超，所以在佛的十大弟子中号称"说法第一"。他牢记布教十德：善知法义、能为宣说、处众无畏、辩才无碍、方便巧说、随法行法、具足威仪、勇猛精进、身心无倦、成就威力。他布教不仅方法巧妙，而且很勇敢。有一次，他到贫穷落后的输卢那国去布教，临行前佛考验他说："那里的人很野蛮，不仅不接受你的布教，还要骂你。"富楼那回答说："他们只是骂我，并不打我，这说明他们并不是十分野蛮。"佛问："假若他们用拳头、棍棒打你呢？"富楼那回答说："他们只是用拳头等打我，并未用刀杖伤我。""假若用刀杖伤你呢？""他们只是伤我，并不打死我。""如果打死你呢？""那就太好了，他们帮我进涅槃了。"佛陀听后大喜，认为他的忍辱、精进都达到很高的水平。由于他的艰苦努力，在输卢那国收了五百弟子，建立了五百伽兰。

当大迦叶主持举行第一次佛教结集的时候，富楼那来晚了，他听了迦叶的情况介绍以后，认为食法八争是允许的，食法八争如下：内宿、内煮、自煮、自取食、早起受食、从彼持食来、杂果、池水所出可食物。他与迦叶的这些分歧，为部派的分裂埋下种子。

9. 优婆离（Upali）出身于首陀罗种姓，受尽欺凌，得不到受教育的机会，只好以理发维生。相传他为释迦牟尼佛理发的时候，相继进入初禅、二禅、三禅、四禅，他与七王子共同出家，并为七王子理发。他严守戒律，并注重行、住、坐、卧之威仪，所以在十大弟子中号称“持戒第一”。因为他持戒严谨，受到偷兰难陀比丘尼等的攻击，佛陀知道后，对偷兰难陀等犯戒的比丘、比丘尼严加批评，告诫他们要像优婆离那样以戒为师。优婆离在护理病僧、维护僧人团结等方面，为佛教僧团做了很多有益的工作，受到人们的敬重，所以在第一次佛教结集中，由他诵出律藏。

10. 须菩提是梵文 Subhūti 的音译，意译善吉或空生，自幼善施，慈悲为怀，当佛陀来到须菩提故乡的时候，须菩提跟随父母出家。出家后的须菩提乞富不乞穷，和大迦叶的乞贫不乞富正好相反，须菩提对这个问题的解释如下：穷人本来就很困难，向他们乞食会给他们带来更多的负担。他出于怜悯之心，作出乞富不乞穷的决定。

须菩提因为很早就破除我、法二执，彻见空理，所以在十大弟子中号称“解空第一”。有一次为了迎接佛陀的到来，须菩提原想亲自前往迎接。后想佛的法身是空，只有认识到空性才能见佛，他端详安坐，不同于首先向佛顶礼的比丘尼莲花色，所以被称为迎接佛陀的第一人。须菩提与世无诤，所以在金刚般若法会上，佛称赞他证得无诤三昧，人中第一，第一离欲阿罗汉。

参考资料

1. 明旸：《佛法概要》第三章《常随佛学十大弟子》第一节《舍利弗尊者》、第二节《目犍连尊者》、第三节《阿那律尊者》、第四节《阿难陀尊者》、第五节《罗睺罗尊者》、第六节《摩诃迦叶尊者》、第七节《迦旃延尊者》、第八节《富楼那尊者》、第九节《优婆离尊者》、第十节《须菩提尊者》。

2. 星云：《十大弟子传》。

思考题

1. 略述十大弟子的主要特点。

2. 略述十大弟子的主要事迹。

第四章　佛教经典的形成

第一节　佛教史上的四次结集

释迦牟尼在世时，他的说教靠师徒口授相传，并无文字记载。他圆寂以后，为了对他的说教进行甄别、审定，佛教徒举行集会，由亲闻佛说教的人背诵佛的教诲，得到大家公认的就肯定下来，这就叫做结集。根据佛教经典的记载，印度共举行过四次结集。

第一次佛教结集于释迦牟尼逝后当年雨季举行，地点是摩揭陀国首都王舍城附近的七叶窟内，参加结集的有五百比丘。当时正是阿阇世王执政时期，他对这次结集在物质生活条件方面给予极大的支持。这次结集由迦叶主持，由阿难诵出经藏，即四部《阿含经》；由优婆离诵出律藏。

佛教经典对第一次佛教结集的记载非常混乱，据《四分律》卷五十四等载，在举行第一次结集时，由阿难诵出经和论，由优婆离诵律。《付法藏因缘传》又说，由阿难诵经，由优婆离诵律，由迦叶诵论。《迦叶结经》又说经、律、论皆由阿难诵出。总之，这些经典认为，在第一次佛教结集时就形成了经、律、论三藏，这种记载不可信，因为论是对佛经的解释，都署作者姓名，肯定出于后人，认为第一次结集就形成论的记载是不可靠的。

据玄奘著《大唐西域记》卷九、《文殊师利问经》《大慈恩寺三藏法师传》卷三等载，释迦牟尼逝于二月十五日，以迦叶为首的五百比丘（《大智度论》载为千人）在七叶窟内举行结集，后有以婆师婆为首的一万比丘赶来参加，迦叶等不允许，这些人只好在窟外举行结集。以迦叶为首的窟内僧众称为上座部，以婆师婆为首的窟外僧众称为大众部。结集的结果形成五藏：经藏、律藏、论藏、杂集藏、禁咒藏。这种记载也是不可靠的，大众、上座二部的分裂发生于第二次佛教结集，释迦牟尼逝后当年举行的第一次佛教结集不可能有部派的分裂。

第二次佛教结集举行于释迦牟尼逝后一百年，参加结集的比丘有七百人，故称七百结集，结集的地点是吠舍离（在今印度比哈尔邦穆查发浦尔），所以这次结集又称为吠舍离结集。古印度东部跋耆族比丘提出十条戒律新主张，称为十事（详见下章），以耶舍为首的长老比丘举行结集宣布十事非法。坚持十事的跋耆族比丘组成大众部，反对十事的耶舍等长老比丘组成上座部。

第三次佛教结集举行于释迦牟尼逝后二百三十六年，护法王是阿育王，以目犍连子帝须为上座，结集的目的是对第一次结集的《阿含经》重新会诵整理，批驳外道的“邪说”。会后，目犍连子弟须撰《论事》一书，是研究部派佛教的重要典籍。本书批驳大众部、说一切有部等派别的观点二百一十九条，反对“一切皆有”的主张，认为只有现在，并无过去和未来，没有“中有”（死后生前的中间阶段），证得阿罗汉果以后，不再退失。这些问题都是部派佛教争论的主要问题。

第四次佛教结集是在迦腻色迦王（公元144—170年）执政时期举行的，这次结集是由于胁尊者的建议，以世友为上座，地点是迦湿弥罗（今克什米尔），有五百罗汉参加。结集的目的是论释三藏，先作《邬波第舍论》十万颂，解释经藏，次作解释律藏的《毗奈耶毗婆沙论》十万颂，后作解释论藏的《阿毗达磨毗婆沙论》十万颂，共三十万颂，九百六十万言。迦腻色迦王让人把这些论典刻于赤铜板上，存于石函，并建塔藏于其中。

佛教经典关于第四次佛教结集的记载也很混乱，据《婆薮槃豆法师传》，这次结集举行于释迦牟尼逝后五百年中，地点在古印度西北部的罽宾国，召集人是说一切有部的著名论师迦旃延子，有五百罗汉和五百菩萨参加，由马鸣撰《阿毗达磨毗婆沙》百万颂。这显然是大乘佛教徒的伪造。

据斯里兰卡《大史》记载，第四次结集在斯里兰卡国王伐多伽摩尼·阿巴耶（公元前 89—前 77 年在位）统治时期举行，地点是斯里兰卡的马特列村，由罗希多主持，有五百比丘参加，主要任务是修订三藏注释，重新安排经典次序。

经过四次结集，又经过不断的补充和加工，到公元前 1 世纪才出现成文的佛教典籍，最初的佛典是刻在多罗树叶上的贝叶经。

最初形成的佛典属于小乘佛教，大乘佛教的经典是公元一世纪大乘佛教出现后才形成的。但大乘佛教徒为了把大乘佛经说成是教主释迦牟尼亲自所说，编造了种种神话。《菩萨处胎经·出经品》称，第一次佛教结集时迦叶让阿难诵出大、小乘藏，最后形成八藏：胎化藏、中阴藏、摩诃方等藏、戒律藏、十住菩萨藏、杂藏、金刚藏、佛藏。《大智度论》第一百卷称：迦叶等结集小乘三藏的同时，文殊、弥勒等在铁围山（佛教神话中的山名）举行结集，让阿难诵出大乘经典。这显然是大乘教徒编造的谎言，认为第一次佛教结集即已出现大乘经典的说法不可信。

佛教典籍总称为三藏。“藏”原为盛东西的竹箧，佛教用以概括全部佛教典籍。共分三部分：（1）素怛缆藏，意为经藏，是佛的说教集；（2）毗奈耶藏，意为律藏，是佛教徒应当遵守的戒律；（3）阿毗达磨藏，意为论藏，是对佛说教的解释。通晓三藏的僧人被尊称为“三藏法师”，如唐玄奘称为唐三藏。

由于佛教的传承体系不同，佛典使用的文字分三大体系：北传佛典属于梵文系统，现存的以汉文为主。1—10 世纪，古印度佛教徒携带大批写有经、律、论三藏的梵文贝叶经前往中国的新疆、西藏以及尼泊尔等地弘扬佛教，这些地区也有不少人去印度学习佛教，归国时带来大量贝叶经。在11—12世纪间，由于伊斯兰教传入印度，印度佛教徒携带大批贝叶经至上述地区，所以在我国西藏和尼泊尔等地发现很多珍贵的梵文贝叶经。

南传佛教典籍属于巴利文系统，为了加强对巴利文佛典研究，李斯·戴维茨于1881年在英国伦敦成立了“巴利语圣典学会”。1935—1941年，日本高楠顺次郎监修出版日译《南传大藏经》70册。我国云南有大批巴利文和傣文贝叶经，东南亚诸国还有用缅甸文、泰文拼写的巴利文贝叶经。

藏传佛教的典籍属于藏文系统，藏文《大藏经》分《甘珠尔》《丹珠尔》两部分，共收佛教典籍4569种。我国的藏文《大藏经》是研究佛教的珍贵资料，受到世界佛教学者的高度重视，近年来印度政府正组织人力，要把藏文佛典倒译成梵文。

第二节 汉文佛典略述

我国现存的汉文佛经，是自汉朝以来，从印度和西域传入的梵文贝叶经原典翻译过来的，汉至隋唐时代，主要靠写本流传，晚唐至9世纪才出现了佛典的刻本。唐咸通九年（公元868年）王玠为父母积功德刻《金刚般若经》，这部经已于20世纪被英国斯坦因盗走，现存大英博物馆。

由于佛经的翻译越来越多，晋、宋以后出现了很多经录，其中最著名者是唐代智昇的《开元释教录》20卷，前10卷为总录，后十卷是别录。用梁周兴嗣撰《千字文》编号，共收典1076部5048卷。

雕印整部大藏经始于10世纪末，即宋太祖赵匡胤于开宝四年（公元971年）命内官张从信到益州（今成都）雕印大藏经，于宋太宗太平兴国八年（公元983年）完成，前后共刻经十二年，雕版13万块，雕成后运到当时的首都开封印刷，此称《开宝藏》《蜀版藏经》《北宋官版大藏经》。该藏根据《开元释教录》编选佛典，收大小乘经典及传记等共480函1076部5048卷。

日僧奝然于宋把《开宝藏》带回日本，高丽（今朝鲜）名僧韩彦恭于991年将该藏带至朝鲜，高丽王朝以此底本刻印《高丽藏》。所以《开宝藏》对日、朝两国的佛经印刷有着重大影响。宋朝雕印的《开宝藏》主要颁送国内名寺，并作为礼物赠给邻近各国。所以《开宝藏》是具世界影响的大藏经。

自《开宝藏》之后，手写佛经逐渐减少。但由于官版藏经的购买手续有一定的限制，民间不易普及，于是出现了民间私版大藏经。除《开宝藏》以外，宋代的官、私版藏经主要有以下几种：

1.《崇宁万寿大藏经》，雕印时间始于宋神宗元丰初年（公元1078年），终于宋徽宗崇宁二年（公元1103年），因由福州东禅院等觉寺的住持冲真发起，所以又称为《东禅寺版大藏经》。收经595函1450部6434卷。

2.《开元寺版大藏经》，雕印时间始于宋徽宗政和二年（公元1112年），终于宋高宗绍兴二十一年（公元1151年），由名僧本悟、木明等主持，雕印于福州开元寺，世称《福州藏》或《毗卢藏》，收经567函1429部6117卷。

3.《思溪版大藏经》，略称《思溪藏》，由天台宗名僧净梵、禅宗名僧怀深等在湖州思溪（今浙江省吴兴县）圆觉禅院雕印于1132年，共收佛典548函1421部5480卷。一百年以后，思溪法宝资福寺在《思溪版大藏经》的基础上补为5740卷，此称《思溪法宝资福寺版大藏经》。

4.《碛砂藏》，全称《碛砂版大藏经》，雕印的时间始于南宋理宗端平元年（公元1234年），终于元英宗至治二年（公元1323年），雕印于平江府碛砂（今江苏省吴县，1995年撤销）延圣禅院。共收佛典591函1532部6362卷，1931年发现于西安市的卧龙寺、开元寺，1935年在上海影印出版。

5.《契丹藏》，北宋时辽国雕印于公元11世纪，6000余卷，以《高丽藏》和国内流行的一些版本为基础。

6.《赵城藏》，因由南宋时的金国刻印，所以原称《金版大藏经》，简称《金藏》。金皇统八年（公元1148年）至大定十三年（公元1173年）刻印于解州（今山西运城）西南天宁寺，元初又有补充，收佛典6900余卷，因为1933年在山西赵城广胜寺发现4957卷，所以称为《赵城藏》。后由“上海影印宋版藏经会”和“北平三时学会”影印其中的罕见佛典49部，称为《宋藏遗珍》，共120册。

元代藏经主要有两种：

1.《普宁藏》，全称《普宁版大藏经》，又称为《杭州本》或《元本》，雕印时间始于至元十四年(公元1277年)，终于元世祖至元二十七年(公元1290年)，雕印于余杭(今杭州附近)的大普宁寺，发起人是道安、如一等。共收佛典558函1422部6010卷。

2.《弘法藏》，全称《弘法版大藏经》，共收佛典1654部7182卷，元世祖至元十四年（公元1277年）至至元三十一年（公元1294年）雕印于北京。

明代藏经主要有下列四种：

1.《南藏》636函1610部6331卷，于洪武二十五年（公元1392年）奉明太祖之命雕印于南京，所以世称《洪武藏》。后来的《永乐南藏》是《洪武南藏》的再刻本。

2.《北藏》，全称《永乐北藏》，共收佛典637函1615部6361卷，永乐八年（公元1410年）至正统五年（公元1440年）雕印于北京，万历十二年（公元1584年）又续刻41卷。

3.《武林藏》，已佚，雕印于武林（今浙江省杭县）。

4.《径山藏》678函1654部6956卷，亦称《嘉兴藏》《楞严寺版》《明本》《万历藏》等。由密藏、德清等主持，雕印时间始于万历十七年（公元1589年），终于清康熙十六年（公元1677年），原在五台山创刻，后移至径山（今浙江省余杭）雕版，最后在浙江嘉兴楞严寺印刷。

清代的主要藏经是《龙藏》，共718函1662部7168卷，雕印时间始于雍正十三年（公元1735年），终于乾隆三年（公元1738年）。

清末民初上海频伽精舍依据日本弘教院本印的《频伽藏》是我国第一部铅印大藏经。后来上海商务印书馆又影印了日本的《续藏经》，专收过去未入藏的佛典。清末的金陵刻经处、扬州刻经处、北京刻经处、常州天宁寺等也刻了很多佛典，其目的是为了集成一部《百衲本大藏经》。

最近，我国佛教学者正在国务院"古籍整理规划小组"的领导下，以《赵城藏》为底本，校勘出版《中华大藏经》(汉文部分)。

日本的《大正藏》共100卷，收佛典3360部13520卷，是现在国际上比较流行的一个版本。

我国除木刻版本的藏经以外，还有刻在石板上的佛经，其中最著名的是北京房山石经，从隋代名僧静琬募化雕刻起，至明末才完成，历时一千年，工程之浩大，世所罕见。新中国成立后，中国佛教协会在政府的支持下拓印全部佛经，共拓出大小石经14274条。

我国保存的佛典，数量之大，版本之多，在世界上居第一位，这是一份十分珍贵的文化遗产，不仅是研究佛教，而且是研究历史、语言、文学、哲学等的珍贵数据，是我们伟大祖国的骄傲。

参考资料

1. 方广锠：《佛教大藏经史》。

2. ［英］渥德尔著，王世安译：《印度佛教史》第七章《三藏结集》。

3. 明旸法师：《佛法概要》第五章《佛灭后的印度佛教和东传中国》第一节《佛教圣典的结集》。

4. ［日］佐佐木教悟等著，杨曾文、姚长寿译：《印度佛教史概说》第四章《初期的佛教教团》。

思考题

1. 简述四次佛教结集概况。

2. 汉文《大藏经》有哪些版本？

第五章　佛教发展为世界宗教

第一节　阿育王时代的传教活动

古印度摩揭陀国孔雀王朝的阿育王（Aśoka，旧译阿输伽，新译阿恕伽，意译无忧），在印度史和佛教史上都是很值得研究的重要人物。在印度历史上他第一次建立了统一大帝国，在印度佛教史上他第一个向国外派出弘法高僧，使佛教传播到印度以外的很多国家，发展成为世界宗教。

关于阿育王的出世年代及其生平的一些重大问题，南传佛教和北传佛教存在着严重分歧。据北传佛教的《阿育王传》和《阿育王经》记载，从释迦牟尼逝后到阿育王时期，传法体系有五师：迦叶、阿难、商那和修、摩田地、优婆鞠多。优婆鞠多就是阿育王时期的人物。《萨婆多记》和《三论玄义》把这种传法体系称为“异世五师”。这种说法是不对的，因为摩田地与商那和修都是阿难的弟子，他们是同时代的人物，怎能说是“异世”呢？所以，《付法藏因缘传》并没有采纳这种说法，认为从释迦牟尼去世以后到阿育王时期只有四师，《付法藏因缘传》的传法体系没有摩田地。

关于五师的传承体系，南传佛教《善见律毗婆沙》的记载与此不同，据此应为：优婆离、大象拘、工余那拘、悉伽符、目犍连子弟须。目犍连子弟须是阿育王时期的佛教大师。据此推算，阿育王应为释迦牟尼去世以后二百多年的人物。

阿育王是孔雀王朝创始人旃陀罗·笈多的孙子，其父为频头娑罗王，母为须跋罗袛，系瞻娑罗国（即瞻波城）人，属刹帝利种姓。据《善见律毗婆沙》记载，频头娑罗王有一百个儿子，阿育王有一个哥哥叫修斯摩。相传阿育王小时候长得丑陋而性情暴躁，父亲不喜欢他。当时正值得叉尸罗国反叛，频头娑罗王让阿育王统率四兵（车兵、马兵、象兵、步兵），不带刀杖，前去镇压。其目的是使阿育王阵亡，以便让修斯摩继承王位，但阿育王勇猛善战，首战告捷，得叉尸罗国驯服地归顺于他。频头娑罗王又命令阿育王去讨伐法沙国，法沙国又像得叉尸罗国一样归顺于他。频头娑罗王为了让修斯摩继承王位，临死之前又设一计，再次派遣阿育王前去讨伐得叉尸罗国。阿育王在大臣罗提掘多的策划下，称病不行，待频头娑罗王病故后，他杀死修斯摩登王位。

南传佛教《大史》《岛史》等所述与此不同：阿育王还没有当国王的时候，曾任邬阇衍的副王，负责征税，听到父王去世的消息以后，急忙赶回首都，首先杀死哥哥修斯摩，接着杀死异母兄弟九十余人，尔后继承王位。

南传佛教和北传佛教都承认阿育王是一位暴君，曾杀兄夺权。就是这样一位暴君突然良心发现，成了佛教徒。我国义净去印度时曾见到穿僧服的阿育王像，看来阿育王真的出家当过和尚。关于他出家的原因也各说不一，阿育王石刻铭文的记载是这样的：阿育王统一了亚历山大侵略的北方地区以后，开始向南方扩张。阿育王在他灌顶（印度古代国王的即位仪式，国师以四海之水灌国王头顶）后的第九年（灌顶时间是公元前 368 年）开始攻伐十分顽强的羯陵伽国，双方发生激战，羯陵伽人死亡惨重，有十五万人被俘，十万人被杀。阿育王亲身感觉到此次战斗之惨，内心有所忏悔，于是皈依佛门，从此称为“提婆那庇耶·庇耶陀西”（Devānāmpiya Piyadasi，意为天宠慈颜）。

阿育王皈依佛教以后，十分虔诚，规定佛教为国教，也尊重婆罗门教和耆那教。

据《善见律毗婆沙》卷二记载，阿育王在鸡圆寺供养上万的出家人，有许多非佛教徒混杂其内，异论纷纭。为纯洁三藏，在阿育王即位后的第十七年，召集第三次结集，以目犍连子弟须为上座，有一千比丘参加，用了九个月的时间。结集完后，把十几个上座分成几批，派往各地，四出传教。

阿育王派末阐提到罽宾和犍陀罗，带的是《譬喻经》，相当于《增一阿含经》的第三十卷，受教人数八万，出家一千。阿育王派摩诃提婆至摩酰娑慢陀罗国（相当于现在的买索尔），带的《天使经》，相当于《增一阿含经》的第三十二卷，受教人数四万，全部出家。阿育王派勒弃多至婆那婆私国（相当于现在迦那罗的北部），带的《无始相应经》，相当于《杂阿含经》的第三十三卷，受教人数六万，七千人出家，建立五百寺院。他派昙无德到阿波兰多国（相当于现在的古贾拉特），带的《五聚喻经》，相当于《杂阿含经》的第三十三卷，受教人数三万，男、女各一千人出家。他派摩诃昙无德到摩诃勒咤国，带的《摩诃那罗陀迦叶本生经》，八万四千人受教，三千人出家。他派摩诃勒弃多至臾那世界国（位于今印度西北部），带的《摩迦罗经》，相当于巴利文《增支部》的第二卷，七万三千人受教，一千人出家。他派末示摩、迦叶、提婆纯毗弟须、提婆等往雪山边（今喜马拉雅山麓），带的《初转法轮经》，相当于《杂阿含经》的第十五卷，数万人受教，五千人出家。他派须那迦和乌多罗至金地（相当于现在的缅甸或泰国地区），带的《梵网经》，相当于《长阿含经》的第十四卷《梵动经》，六万人受教，三千五百男人出家为比丘僧，一千五百女人出家为比丘尼。他派他的儿子摩哂多及其眷属壹地臾、乌帝夜、参婆楼、拔陀沙罗四位长老同沙弥（七岁以上二十岁以下受过十戒的出家男子）须摩那、优婆塞（男居士）盘头迦等到狮子国（今斯里兰卡）传播佛教。

据阿育王石刻铭文第十三章记载，阿育王与希腊五王国的国王常有来往。所谓五王国的国王是指叙利亚的安昌奇伯笃、马其顿王安提谷那斯、克莱奈王马加、埃比罗斯王亚历山大和埃及国王。使佛教也传入这些国家。

经过阿育王的传教活动，佛教势力很快超出恒河流域，遍及全印度，并传到世界上很多国家。又经过一段时间，佛教发展成世界宗教，成为世界三大宗教（基督教、伊斯兰教、佛教）之一。

佛教从印度向北经西域传入中国内地，又从中国传入朝鲜、日本、越南等国。这支佛教称为北传佛教。北传佛教以大乘佛教为主，经典属于梵文系统，现存经典以汉译本为主。

佛教从印度向南传入斯里兰卡以及缅甸、泰国、老挝、柬埔寨等国。这支佛教称为南传佛教。南传佛教主要是小乘佛教，经典属于巴利文系统。

小乘佛教还传入我国云南省的傣族、德昂族、布朗族、佤族等少数民族地区。相传我国傣族地区的小乘佛教是一千多年以前由缅甸传入的。开始是口授相传，到公元 1277 年才开始有文字记载，有了贝叶经，以后又出现了墨写佛经。傣族地区的小乘佛教在长期的流传过程中形成了自己的一套术语，如称沙弥为“哈勇”，称比丘为“都”，称住持为“都龙”，称长老为“沙密”等。傣族人民的习俗受到佛教的严重影响，如农历清明后第十天举行的泼水节相当于佛诞节，农历六月十五日的“关门节”和九月十四日的“开门节”相当于佛教的“结夏”和“解夏”。

传入我国西藏的佛教与当地的土著宗教——苯教相结合，形成一种新型的佛教——藏传佛教，俗称喇嘛教。藏传佛教还传播到蒙古族、土族、满族、裕固族等少数民族地区，以及尼泊尔、锡金、蒙古、苏联西伯利亚地区和印度北部。这支佛教的经典属于藏语体系。一般认为，公元 7 世纪松赞干布执政时期，佛教开始传入西藏。公元 10 世纪以后，藏传佛教分裂出很多宗派，早期有宁玛派、噶当派、萨迦派、噶举派。15 世纪初，宗喀巴（公元 1357—1419 年）创立格鲁派（黄教）。达赖喇嘛和班禅大师都是宗喀巴的著名弟子。

第二节　北传佛教

北传佛教中最主要的是中国佛教，除此之外还有越南、朝鲜、日本等国的佛教。

越南佛教是通过中国、印度两条渠道传入的。早在公元 189 年中国的佛教学者牟融就到交趾（今越南河内地区）弘扬佛教。三国吴僧人康僧会（？—公元 280 年）于 3 世纪末由印度移居交趾。3 世纪末，印度高僧耆域经扶南（今柬埔寨）来交州（州治在龙编，今越南北部）弘扬佛教。

越南佛教主要是大乘佛教禅宗，主要派别是毗尼多流支派、无言通派、竹林派和草堂派。

毗尼多流支派是古印度乌苌国（今巴基斯坦）毗尼多流支（？—594 年）创立的。毗尼多流支于公元 574 年到中国长安来译经，曾师事禅宗三祖僧璨（？—606 年），后到越南河东省法云寺，创立以他自己的名字命名的毗尼多流支派。

无言通派是中国僧人无言通创立的。无言通（？—公元 826 年）相传是中国禅宗祖师百丈怀海（公元 720—814 年）的弟子，原籍广东省广州市，俗姓郑，出家于婺州（今浙江省金华）双林寺，居住广州安和寺。唐元和十五年（公元 820 年）到越南北宁富东村建初寺建立无言通派。

竹林禅派由陈仁宗（公元 1279—1293 年在位）创立于安子山花烟寺，他有“竹林大士”的尊号，所以他创立的宗派称为竹林禅派。陈仁宗是无言通派的一位祖师，所以竹林禅派所传的禅宗体系和无言通派一样，属于中国禅宗百丈怀海的系统，但受到越南的改造，掺进了净土宗教义。

草堂禅派又称为雪窦明觉派，因为该派创始人草堂禅师是重显（公元 980—1052 年）的弟子。重显是我国北宋名僧，俗姓李，字隐之，遂宁（今属四川）人。因于乾兴元年（公元 1022 年）住明州（今宁波）雪宝山资圣寺，故以雪窦为号，卒谥“明觉大师”。这就是雪窦明觉的来由。该派创始人草堂是我国北宋云门宗高僧，11 世纪中期到占婆国（今越南中部），住升龙（今河内）开国寺，被李朝国王李圣宗（公元 1054—1072 年在位）封为国师，李圣宗是他的第一代弟子。

朝鲜佛教是公元 4 世纪三韩（高句丽、新罗、百济）时代由中国传入的。公元 372 年前秦符坚遣使向高句丽赠送佛像、佛经等。公元 374 年秦僧阿道至高句丽，高句丽建肖门寺和伊弗兰寺，此为朝鲜佛教之始。

东晋孝武帝太元九年（公元 384 年）胡僧摩罗难陀至百济度僧十人，此为百济佛教之始。

梁武帝太清三年（公元 549 年）遣使向新罗赠送佛舍利，陈文帝于天嘉六年（公元 565 年）向新罗赠送佛教经论共 1700 余卷，使佛教传入新罗。

中国隋唐时期的佛教诸宗对朝鲜佛教很有影响，出现不少颇有学问的高僧，如唯识宗的圆测、华严宗的义湘等。

佛教传入日本的时间是公元 6 世纪，梁武帝普通三年（公元 522 年）司马达等赴日建草堂安置佛像礼拜，达等的女儿、儿子先后出家。公元 552 年，百济（今朝鲜）向日本进献佛经、佛像，此为佛教传入日本之始。推古天皇时期的圣德太子（公元 574—622 年）曾规定佛教为国教。

日本佛教原来并无宗派，因为日僧相继来我国留学，我国也有僧人赴日弘化，使中国佛教的很多宗派传入日本，这就分化了日本佛教界，使日本佛教出现了与中国相应的佛教宗派，如三论宗、成实宗、唯识宗、俱舍宗、华严宗、净土宗、禅宗、律宗等。

日本的第一个佛教宗派是三论宗，高丽僧慧灌曾入隋向中国三论宗创始人吉藏（公元 549—623 年）学习佛教，于 625 年把三论宗传入日本，所以日本佛教界称慧灌为日本空宗始祖。

中国的唯识宗传入日本共四次，称为四传：第一传是道昭于653年与道严等入唐，向玄奘学习唯识教义，返日后住元兴寺；第二传是658年日僧智通、智达入唐向玄奘、窥基师徒学习唯识；第三传是703年智凤、智鸾、智雄等人入唐，向智周学唯识；第四传是716年玄昉入唐向智周学唯识，735年回国，住兴福寺。佛教史上，一般称前三传为元兴寺传或南寺传；把第四传称为兴福寺传或北寺传。

新罗僧审祥，是中国华严宗创始人法藏（公元643—712年）的弟子，于公元740年赴日讲《华严经》，被称为日本华严宗初祖。

在中日佛教关系史上影响最大的是日本律宗创始人鉴真（公元688—763年），他是扬州江阴县人，他不畏艰险六次东渡赴日的故事成为中日友谊史上的佳话。

鉴真应日僧荣睿、普照之请，于公元742年由弟子祥彦、道航、思托等二十一人随从赴日，鉴真弟子如海因未随师傅赴日而心怀不满，诬告鉴真与海贼勾结，使鉴真的船只被没收，这是他东渡的第一次失败。

鉴真于公元743年乘军用船一只，携带佛像、法器、药物等东渡，在狼沟浦船被恶浪打破，这是第二次失败。

鉴真让人把船修好后又出发了，在桑石山船又被打破，于公元744年春，当地州官把他安置在明州（今宁波）阿育王寺，这是他的第三次失败。

鉴真想绕道福州乘船出国，但扬州的弟子灵佑等人怕师冒险，向官告发，使鉴真被护送回扬州，这是他的第四次失败。

天宝七年（公元748年）荣睿、普照又来邀请，鉴真携带佛像、法器等物，由弟子祥彦、神仓、日悟等十二人及日僧荣睿、普照陪同，于当年六月二十七日由扬州出发，当到达端州龙兴寺的时候，日僧荣睿因病而死。鉴真由于荣睿的去世而悲痛，又因劳累过度，于天宝九年（公元750年）双目失明。当到达江西吉州时，他的得意门生彦祥又死于船上。种种挫折并未动摇他东渡的决心，鉴真率领留下的其他人员继续前进。当来到南京的时候，弟子灵佑把他迎回扬州，这是鉴真的第五次失败。

天宝十二年（公元 753 年）十月，六十六岁高龄的鉴真大师，应日本遣唐大使藤原清河等人之邀，乘日本使船出发了，日僧普照赶来同行。当年十二月七日到达日本九州的救益岛，于公元 742 年二月一日到大阪，四日到奈良，住东大寺，日本天皇授予他“传灯大法师”的称号。四月，鉴真为天皇、皇后、皇太子授戒，大僧灵佑、忍基等八十余人重新受戒，受沙弥戒的有四百多人，这是日本佛教史上正规传戒的开始。鉴真还在日本仿照唐建筑式样建造“唐招提寺”。年七十六岁时鉴真逝于唐招提寺，遗体火化后葬于寺旁的松林中。

鉴真六次东渡的百折不挠献身精神，深受中日两国僧俗人士崇敬。1963 年是鉴真逝世一千二百年，中日佛教界和文化界举行了纪念活动。1980 年举行的鉴真像回国探亲活动，增强了两国佛教徒和人民之间的友谊。鉴真的事迹被写成小说，编成戏剧，搬上舞台。

鉴真受到人们的如此崇敬，绝非偶然，他不仅是一位宗教家，而且精通医学，被日本医药界奉为始祖。鉴真及其弟子把建筑、诗文、雕塑、美术、医学等方面的唐代文明带给日本，日本人民称他是“日本佛教和文化的恩人”。

第三节　南传佛教

斯里兰卡是南传佛教的主要根据地之一；此地之佛教是公元前 3 世纪由印度阿育王派遣摩哂陀等传入的。摩哂陀在斯里兰卡的传教活动受到天爱·帝须王（公元前 247—前 207 年）的大力支持，他把王家花园大云林献给摩哂陀，改造为大寺。

公元前 1 世纪，毗多伽摩尼国王拆毁耆那教寺庙，改建成无畏山寺，献给大寺的摩诃帝须上座。国王的五位将领各建一寺，也献给摩诃帝须。居住于大寺的比丘们认为摩诃帝须与俗人勾结，违犯了佛教戒律，决定开除摩诃帝须。摩诃帝须率领五百名支持者由大寺迁住无畏山寺，这是斯里兰卡佛教史上的第一次分裂，分裂为大寺派和无畏山寺派。大寺派是坚持摩哂陀说教的正统派，主张纯净的小乘佛教，排斥大乘。影响极大，传入缅甸、泰国、老挝、柬埔寨等国。公元 1165 年，斯里兰卡的波罗迦罗摩巴忽一世王宣布取缔其他佛教派别，确立大寺派为国教。16 世纪后渐趋衰微。无畏山寺派基本属于小乘，但兼习大乘，4—7 世纪成为势力最大的教派，1165 年被波罗迦罗摩巴忽一世王取缔，比丘全部还俗。

公元 269 年以后，印度的大乘佛教传入斯里兰卡，受到无畏山寺派的欢迎，乌悉利耶帝须对此不满，率领五百比丘离开无畏山寺，迁住南山寺，故称南山寺派，亦称祇多林寺派，因为该派教徒以摩诃金那国王（公元 276—303 年在位）布施的祇多林寺为中心。又因为本派教徒中有一位著名长老叫海，故亦称海派。这是斯里兰卡佛教史上的第二次分裂。祇多林寺派除信奉小乘佛教理论之外，还兼信大乘中观学派教义，于 1165 年被波罗迦罗摩巴忽一世王取缔。

国王揭谛·师利·罗迦醒哈听从娑罗难迦罗长老的建议，于 1750 年派遣使者至泰国，请求泰国派高僧来斯里兰卡授戒。泰国于 1753 年派以优波离为首的十名比丘携带佛经来到斯里兰卡，为数百人授戒，形成斯里兰卡的暹罗派。国王指派娑罗难迦罗为僧王[1]，他成为暹罗派的始祖。

暹罗派以康提的摩尔伐多寺和阿斯羯利寺为中心，分成摩尔伐多派、阿斯羯利派、阿难尼迦派等，由大长老主席和两位副主席领导，终生任职。暹罗派的比丘是终生比丘，一般不实行短期出家制度。该派主张崇拜佛舍利，不崇拜佛像。

斯里兰卡佛教除暹罗派以外，还有阿摩罗普罗派和罗曼那派。这两派都是由缅甸传入的。阿摩罗普罗派于 1802 年由上缅

① 僧王，最高的僧侣长官，负责管理全国的僧团事务。

甸传入，多分布于斯里兰卡的西部和南部地区，拥有大量土地，还经营商业等。设主席一人，副主席一人，秘书长一人，终生任职。罗曼那派于1864年由下缅甸传入，中心寺庙在今斯里兰卡的卡卢塔拉附近，设大长老主席一人，副主席四人，终生任职。

以上三派奉行的经典完全一样，分歧表现在一些无关紧要的戒律上。如暹罗派主张剃眉毛，出寺门时袈裟或披两肩，或披右肩。阿摩罗普罗派反对剃眉毛，主张出寺外袈裟必须披两肩。暹罗派和阿摩罗普罗派主张僧人出门要带黑伞，罗曼那派主张出寺门带芭蕉叶。

为了加强国际佛教徒的联系，斯里兰卡发起组织“世界佛教徒联谊会”，斯里兰卡的著名佛教学者马拉拉色克拉是第一任主席，第一次会议于1950年在斯里兰卡的康提和科伦坡举行，对佛教中的几个重大问题规定如下：

1. 释迦牟尼诞生于公元前623年5月的月圆日；

2. 释迦牟尼出家时是29岁，成道时是35岁，公元前588年5月的月圆日悟道；

3. 释迦牟尼说法四十五年，80岁涅槃，即公元前543年5月的月圆日夜半入灭；

4. 佛历是由释迦牟尼的涅槃时算起；

5. 根据释迦牟尼成道时“圣体”放出六种色光的神话传说，用六色旗作为佛旗，六色如下：蓝、黄、红、白、橙五色及五色的混合色；

6. 法轮是佛教的教徽。

“世界佛教徒联谊会”的总部最初设在斯里兰卡的首都科伦坡，1958年迁往缅甸仰光，1969年4月决定永远设在泰国首都曼谷。

“世界佛教徒联谊会”设有总部、理事会、秘书处、财务、出版、文化教育、传教活动、人道服务、调解团结委员会等机构，共有三十多个国家和六十多个地区中心。联合国教科文组织承认它是国际性的非政府组织。

缅甸佛教徒占全国总人口的80%以上，全国有寺院二万余所，婚前男子必须出家一次才能取得“成人”资格，否则在社会上就要受到歧视，甚至找不到妻子。出家时间长短不拘，有的仅一个星期，也有的只受沙弥戒，不受比丘戒。所以，缅甸人的出家风气非常普遍。缅甸的政治、经济、思想、文化等领域，无不受到佛教的深刻影响。

缅甸佛教是比较纯粹的上座部佛教，很少受到其他宗教的影响，这是缅甸佛教的突出特点，正如恩格斯所指出的：“缅甸人信仰佛教，他们保持的宗教仪式不像在印度和中国任何地方那样受到其他宗教的影响。”①

现在的缅甸佛教共分三派：善法派、瑞琴派、门派。

善法派是缅甸当前最大的佛教派别，于蒂波王（公元1878—1885年在位）时期与瑞琴派分裂而形成。在执行戒律方面要求较宽，允许使伞、穿草鞋，允许咀嚼槟榔果实和叶子，允许看戏、吸烟、扇扇子，允许穿丝绸衣或不是用碎布拼成的僧衣，化缘来的食物给穷人、狗或鸟吃，只吃自己煮过的食品，允许接受别人布施的钱财。

瑞琴派在敏顿王的支持下创建于瑞琴地区，总部设在曼德勒，持戒紧严，不允许接受钱财，不准吸烟，反对拜佛像，主张崇敬佛的精神。严格禁止午后咀嚼槟榔果实和叶子，不准吸烟、乘马、看戏和用咒符，在特定念经的场合，允许扇扇子。

门派，1855年由奥波（公元1817—1905年）创建于兴实塔地区，用三门（身门、语门、意门）代替三行（身行、语行、意行），持戒较严，不许和别派接触或共餐，不允许穿丝绸的或不用碎布拼成的僧衣，不许穿拖鞋、持伞，不允许接触金钱和观听歌舞。出寺门袈裟偏袒右肩，瑞琴派和善法派主张披两肩。门派还提倡僧众积极参加农村和其他的社会活动。

缅甸举行过两次佛教结集，因为佛教徒在印度举行过四次结集，所以在缅甸举行的两次结集称为第五次和第六次结集。

---

① 《缅甸》，《马克思恩格斯全集》第一四卷，第292页。

第五次佛教结集举行于公元 1871 年，当时正是敏顿王执政时期，参加这次结集的缅僧共二千四百人，斯里兰卡也有高僧赶来参加。这次结集以律藏为中心，五个月完成。形成的典籍刻于七百二十九块石板上，共享五年时间。刻好后储存在鸠娑陶塔附近，外有四十五个佛塔围绕。

第六次佛教结集举行于 1954 年 5 月至 1956 年 5 月，参加这次结集的国家有缅甸、斯里兰卡、柬埔寨、老挝、越南、印度、泰国、巴基斯坦、尼泊尔、不丹等十个国家。此次结集在和平塔的石窟里举行，这个石窟可以容纳参加结集的二千五百比丘和四五千信众。此次结集以敏顿王执政时期第五次结集的版本为底本，对照斯里兰卡、泰国、柬埔寨和英国伦敦巴利圣典协会编纂的巴利文佛经进行校勘。

泰国佛教徒约占全国总人口的 94%，全国大、小佛寺二万余座，佛寺用的土地占全国都市总面积的四分之一，全国奉行佛历。因为和尚穿黄袈裟，所以泰国有“黄衣之国”之称。

从 13 世纪直到现在，佛教一直是泰国的国教，泰国是目前世界上唯一以佛教为国教的国家。由罗摩六世国王制定一直沿用至今的泰国三色国旗，青色代表王制，白色代表佛教，红色代表国民为捍卫王制和佛教所流的血。由此可见，泰国的佛教与王制占有同等地位。宪法规定，国王必须是佛教的皈依者和佛教的最高维护者。男性公民一生中都必须出家一次，方能取得社会的尊重，时间一般是三个月，短者数天，长者终生，上至国王，下至庶民，无一例外。政府还规定，僧侣不能有反政府的政治活动，共产党员不能受戒为僧。

佛教对教育、思想、文化等领域的影响十分突出，教育部规定，只要接受政府资助的学校都要开佛教课，小学生要学佛教常识。文学、电影、音乐、舞蹈、绘画等无不充满佛教内容。

泰国佛教现有法相应部和大部派两派，法相应部由蒙骨王创建于 1864 年，人数虽然不多，但由于王族的支持，势力很大。大部派人数众多，主要在平民中间流行。

两派在教义上并无分歧，分歧主要表现在戒律上。法相应部主张像原始佛教那样严守戒律，严格遵守不许手触金钱、寝高广大床、观听歌舞等戒。大部派的教徒平时把僧衣披覆在两肩，出佛殿时则把僧衣偏袒于右肩；法相应部则相反，其教徒在佛殿时，只偏袒右肩，出佛殿时却覆于两肩。钵的托法也略有不同，大部派把钵托在左腰，以左手支持之，法相应部则用双手捧于胸前。读巴利文经典时也略有不同，大部派教徒误读而近似于泰语音；法相应部则近似于斯里兰卡的读法。大部派持戒较宽，比丘可以接受金钱，允许吃荤，但不允许自己宰杀烹调。

泰国的大部派和法相应部相继传入柬埔寨，又从柬埔寨传入老挝。

佛教势力主要在东方，近、现代也传入美国、英国等西方国家。英、法、德、奥地利、荷兰、瑞士、瑞典、捷克斯洛伐克、匈牙利等欧洲国家都有佛教组织，并于1975年成立了“欧洲佛教联盟”。

佛教于20世纪传入美国，并从美国传入加拿大、巴西、秘鲁、阿根廷等国。

参考资料

1. ［英］渥德尔著，王世安译：《印度佛教史》第八章《佛教的通俗化》。

2. 多罗那他著，张建木译：《印度佛教史》第六章《阿育王传记》、第七章《阿育王时期的史话》、第八章《毗伽多阿育王时代》。

3. ［日］佐佐木教悟等著，杨曾文、姚长寿译：《印度佛教史概说》第五章《孔雀王朝时代佛教的发展》。

思考题

1. 略述阿育王向世界传播佛教的事迹。

2. 略述南传佛教和北传佛教概况。

第六章　部派佛教

从公元前 4 世纪第二次佛教结集开始，印度佛教史已经进入一个新的发展时期——部派佛教时期，直至公元后 1 世纪大乘佛教出现止，前后共经五百年左右的时间。这个时期的佛教，已经不像释迦牟尼及其弟子的原始佛教那样基本上是一个整体，而是部派峰起，四分五裂，这些部派的争论又给大乘佛教和小乘佛教的形成打下了基础，所以，部派佛教是研究印度佛教史所不可缺少的一个重要课题，现从三个方面进行论述。

第一节　部派分裂的时间和原因

佛典对佛教分裂的时间和原因说法很不一致，总括起来说，大概有三种意见：

第一种意见认为：在释迦牟尼逝世当年所举行的第一次佛教结集，就有窟内、窟外之分，就形成了以婆斯婆修比丘为首的大众部和以迦叶为首的上座部。坚持这种意见的有《法藏经》《部执论疏》和《大唐西域记》卷九。据《法藏经》记载，以迦叶为首的五百比丘在王舍城举行结集，先使优婆离诵毗尼藏[①]，次使阿难诵五阿含[②]，最后诵阿毗昙[③]。有一万罗汉后来以婆斯婆修为上首，皆住界外，各诵三藏。真谛的《部执论疏》对这个问题的记载，与《法藏经》略有出入，但比《法藏经》更加具体。以大迦叶为首的五百比丘于 4 月 15 日在王舍城的七叶岩举行结集，先使阿难诵五阿含为经藏，次使富楼那诵阿毗昙，即对法藏，次使优婆离诵毗奈耶为律藏。当时有无量比丘想来听法，迦叶不允许，使住界外，各自如法诵出三藏，婆师婆比丘为上首，因为他们人数众多，所以称为大众部。界内比丘以迦叶为上首，因为释迦牟尼佛亲自指定迦叶为上座，释迦逝后也为弟子之依，所以该部称为上座部。其年 12 月阿阇世王死，迦叶等人即散。

玄奘著《大唐西域记》卷九对第一次结集的情况是这样记载的：出王舍城北门行一里余，至迦兰竹园，自竹园西南行五六里，南山之阴，大竹林中，有大石室，是尊者摩诃迦叶波于此与九百九十九大罗汉以如来涅槃后结集三藏。阿难集经藏，优婆离集律藏，迦叶波集论藏。

“雨三月尽，集三藏讫，以大迦叶僧中上座，因而谓之上座部焉。”

“大迦叶结集西北，有窣堵波，是阿难受僧诃责，不预结集，至此宴坐，证罗汉果，证果之后，方乃预焉。”

“阿难证果西行二十余里，有窣堵波，无忧王之所建也，大众部结集之处。诸学无学数百千人，不预大迦叶结集之众，而来此地，更相谓曰：‘如来在世，同一师学，法王寂灭，简异我曹，欲报师恩，当集法藏。’于是凡圣咸会，贤智毕萃，复集

---

① 毗尼藏，“毗尼”是梵文 Vīnaya 的音译，新译“毗奈耶”，意译为“戒”，所以毗尼藏是三藏中的律藏。

② 五阿含，北传佛教只有四阿含：《长阿含》《中阿含》《杂阿含》《增一阿含》，南传巴利文经藏有《长部》《中部》《相应部》《增支部》和《小部》五部，与北传佛教的四阿含大体相应。

③ 阿毗昙，梵文 Abhidharma 的音译，意译为“论”，即佛教三藏中的论藏。

《素坦缆藏》《毗奈耶藏》《阿毗达磨藏》《杂集藏》《禁咒藏》，别为五藏。而此结集，凡圣同会，因而谓之大众部。”①

玄奘的记载有两点是值得注意的。一般认为，第一次结集时只有经藏和律藏（也有三藏甚至于四藏之说），而这里提到五藏。第二个值得注意的问题是：玄奘认为大众部结集之处的窣堵波（Stupa，佛塔）是阿育王（Aśoka，意译无忧王）所建。佛教第一次结集是在释迦牟尼佛涅槃那年（一说是释迦逝后三天，一说是释迦逝后两个月），而阿育王是释迦逝后二百年的人物。由此看来，这种说法是不可靠的。

《大慈恩寺三藏法师传》卷三与《大唐西域记》的记载基本一致，对“九百九十九”之说进行了解释。原因是阿难当时漏（Āsrova，烦恼）还未尽，迦叶让他出去勤修一夜，漏尽之后才赶来参加，而且由他诵出经藏。玄奘弟子窥基所著《异部宗轮论述记》卷上也讲到第一次佛教结集有窟内、窟外之分，形成大众部和上座部。坚持这种意见的还有《文殊师利问经》等。

有不少佛教经典，如《阿育王传》《十诵律》卷六十、《四分律》卷五十四、《大智度论》卷二、《摩诃僧祇律》卷三十二、《善见律毗婆沙》卷一和《增一阿含经》的《序品》等，都曾记载佛教的第一次结集，都没有提到窟内、窟外之分。《摩诃僧祇律》和《善见律毗婆沙》都没有提到阿毗达磨藏（论藏）的结集。这种说法合乎情理，认为释迦逝世当年所举行的第一次佛教结集就分裂为大众、上座二部不合情理，应予否认。

部派的分裂应当从第二次佛教结集算起，这次结集有七百比丘参加，所以又称为“七百结集”，因为结集的地点在吠舍离，所以又称为“吠舍离结集”。分裂的原因，北传佛教的记载与南传佛教有所不同。北传佛教《异部宗轮论》称：“如是传闻，佛薄伽梵般涅槃后百有余年，去圣时淹，如日之没，摩揭陀国俱苏摩城，王号无忧，统摄赡部，感一白盖，化洽人神，是时佛法大众初破，谓因四众共议大天五事不同，分为两部：一大众部，二

① 季羡林等校注《大唐西域记》第740—741页。

上座部。四众者何？一龙象众，二边鄙众，三多闻众，四大德众。其五事者，如彼颂言：‘余所诱无知，犹豫他令人，道因声故起，是名真佛教。’”

《异部宗轮论述记》对这段话进行了解释。“龙象众”是指如龙或象一般“性禀凶顽”的大天之流。“边鄙众”是指大天的门徒，“心行理外因之为边，无德可称，名之为鄙”。“多闻众”是指凡夫学者，“随顺圣人，妙达幽微，广闻三藏，助善朋党，故曰多闻”。大德众即圣众。这就是各有首、徒的二善众和二恶众。对于这四众还有另外的解释。

《异部宗轮论述记》和《大毗婆沙论》卷九十九对“五事”也进行了解释，大天对原始佛教的修行理论感到不满足，认为原始佛教所追求的最高果位——阿罗汉并非完美无缺，还存在着五种局限：

1. 仍有正常人的生理机能和情欲，如大小便、涕唾、梦见魔女的引诱还会遗精等，这就是所谓的“余所诱”。

2. 阿罗汉对自己修行已达到的果位并不知道，这就是所谓的“无知”。

3. 对四谛等教理的认识仍有不足，在判断是非时仍有犹豫疑惑，这就是所谓的“犹豫”。

4. 对自己修行的果位不能证知，必须依靠别人的指点，这就是“他令人”。

5. 还有痛苦，甚至发出“苦哉”的声音，这种声音有助于认识佛教真理，这就是“道因声故起”。

大天等人认为以上五种观点是真正符合佛教教理的，所以说“是名真佛教”。僧团中年老位高的比丘反对这种观点，组成上座部，支持大天观点的多数比丘组成大众部。

窥基著《异部宗轮论述记》讲得更加详细、具体，四众因争论“五事”而分裂，庶民百姓、大臣，乃至阿育王前去调解都无济于事。这种说法有明显的年代错误，南传佛教认为分裂是第二次佛教结集时开始的，阿育王是释迦逝后二百年的人物。如果把这次分裂推到阿育王时候，就要和第三次佛教结集联系起来，这就和其他佛典的记载发生矛盾，所以这种说法也应当予以否定。

第三种意见是南传佛教的说法，认为佛教的分裂是从第二次结集开始的，参加这次结集的有七百比丘，所以称为“七百结集”，这次结集的地点是吠舍离，所以又称为“吠舍离结集”。古印度东部跋耆族比丘提出关于戒律问题的十条新主张，称为“十事”，以耶舍长老为首的比丘予以反对，在吠舍离举行结集，宣布十事非法，这批人称为“上座部”。认为“十事”正确的比丘也举行结集，因为他们人数众多，所以称为“大众部”。关于这次分裂，《四分律》卷五十四、《十诵律》卷六十、《五分律》卷三十、《摩诃僧祇律》卷三十三、《毗尼母经》卷四、《善见律毗婆沙》卷一、《大唐西域记》卷七等佛教典籍的记载基本相同。《大唐西域记》卷七称：“城东南行十四五里，至大窣堵波，是七百贤圣重结集处。佛涅槃后一百一十年，吠舍离城有诸比丘，远离佛法，谬行戒律。时长老耶舍陀……宣明圣教。”

关于“十事”的记载，各派典籍所记略有不同，据南传佛教的《大史》《岛史》记载，大致如下：

1. 角盐净。上座部佛教徒的食品，一般来说不准过夜，跋耆族比丘认为食盐可以贮存在角器中，供日后食用。

2. 二指净。上座部佛教戒律规定过午不食，跋耆族比丘认为日影偏过正午二指后，还可以进食。

3. 他聚落净。饭后到其他聚落还可以进食。

4. 住处净。在一个地方居住的比丘，可以分别举行布萨仪式。

5. 赞同净。僧团中一部分比丘，可以首先作出决定，然后再征求其他比丘同意。

6. 所习净。按惯例行事，不算违律。

7. 不搅乱净。允许喝搅动的牛乳。

8. 饮阇楼伽净。比丘可以喝没发酵的棕榈酒。

9. 无缘坐具净。比丘可以用随意大小的坐具。

10. 金银净。比丘可以接受金银财物。

《四分律》卷四所载与此略有不同：（1）应两指抄食。（2）得聚落净。（3）得寺内。相当于南传佛教的“住处净”。（4）后听可。相当于南传佛教的“赞同净”。（5）得常法。相当于南传佛教的“所习净”。（6）得合。比丘可以把酥油、蜜、酪合在一起吃。（7）得与盐共宿。相当于南传佛教的“角盐净”。（8）得蓄不截坐具。相当于南传佛教的“无缘坐具净”。（9）得饮阇楼罗酒。（10）得受金银。

佛教部派的第一次分裂以摩揭陀国的强大为其背景，在频毗娑罗王的统治下，摩揭陀国吞并了安伽国，频毗娑罗王的儿子阿阇世王继承王位以后，又吞并了憍萨罗国和吠舍离。吠舍离就是提出“十事”的跋耆族比丘所在地。这个地区商业发达，富商多，有钱的人多，所以往往出现向比丘施钱的现象，在这种形势的影响下，比丘只好接受，这就是十事中“金银净”的来由。《摩诃僧祇律》卷三十三记载，上座部、大众部的分裂只是由于吠舍离比丘受取金银，并没讲到其他原因。随着时间的推移，佛教的势力范围越来越大，释迦逝世一百多年以后，佛教在摩揭陀国以西的摩输罗国也盛行起来，由于东、西两地的生活习惯不同，使佛教戒律发生相应变化，其余“九事”则与此相关。

佛教在其自身发展的进程中也蕴藏着分裂的因素。它以反婆罗门教起家，与婆罗门教的重大分歧之一就是否认有“创世神”之说，又和沙门思潮中的其他派别（如耆那教）不同。在发展的进程中逐渐受到婆罗门教和耆那教的影响，使它的神话色彩越来越浓，这在“大众部”中有明显的反映，这是大众部遭到保守派——上座部反对的重要原因之一。

据《中阿含·箭喻经》载，结发童子曾向佛陀提出十个理论问题：“世有常，世无有常；世有底，世无底；命即是身，为命异身异；如来终，如来不终，如来终不终，如来亦非终亦非不终耶?”佛陀对这些问题避而不答，认为讨论这些问题是徒劳的，正如一个人受了严重的箭伤，不是首先拔出箭头进行治疗，而是急于追问箭是用什么东西做成的，弓是什么形状的，等等。但是，随着佛教理论的进一步发展，这些问题又不能不涉及，释迦在世时没有回答，他涅槃以后，他的弟子们各按自己的意愿进行解释，这就必然带来意见分歧。这是从理论方面来讲，从戒律方面来讲也存在同样的问题。在第一次佛教结集时，比丘们就对“微细戒”问题展开了争议，据《十诵律》卷六十记载，主持会议的迦叶坚持“我等不听舍微细戒”，“我等尽当受持不应放舍”，但究竟哪些戒律是“微细戒”，大家的意见是不一致的，这也埋下了分裂的种子。

此外，释迦在世时，他有一定的权威性，他的弟子们可以团结在他的周围。他去世以后，他的弟子们发生矛盾，愈演愈烈，甚至发展到大动干戈的程度。《十诵律》卷六十有关于释迦逝世后分舍利的一段记载。释迦牟尼逝世于拘尸城之后，摩揭陀国阿阇世王派使臣去分舍利，拘尸城不应，阿阇世王则调动“四兵”准备武力夺取，“波婆城力士亦集四兵，在一面住；罗婆聚落拘婆罗亦集四兵，在一面住；遮勒国诸刹帝利亦集四兵，在一面住；毗瓮国诸婆罗门亦集四兵，在一面住；毗耶离诸梨昌亦集四兵，在一面住；迦毗罗婆诸释子亦集四兵，在一面住；婆罗沙迦罗婆罗门更增四兵，拘尸城一面住。尔时拘尸城外，八军围绕，为舍利故，各欲夺权”。我们看到这种杀气腾腾的景象，就感到佛教徒的分裂是不足为奇了。

第二节　分裂的经过

上述大众部和上座部的分裂为根本分裂，佛教徒的分裂并没有到此为止，以后还继续分裂，这些分裂称为枝末分裂。枝末分裂也和根本分裂一样，与当时的政治经济形势密切相关。摩揭陀王朝以后更换为难陀王朝，此时亚历山大王侵入印度，使印度思想界受到西方思想的严重影响。难陀王朝以后为孔雀王朝，孔雀王朝的第三代国王阿育王规定佛教为国教，举行完第三次佛教结集以后，即派传教士四出传教，使佛教的势力范围不再像原始佛教时期那样只局限于恒河流域，而是扩大到很多地方，各地区的风俗习惯又各不相同。这些因素都是导致佛教继续分裂的重要原因。

分裂的具体情况，南传佛教和北传佛教说法不一。斯里兰卡的《大史》（Mahāvamsa）第五章对部派的分裂叙述如下：

1. 初起，以摩诃迦叶为首的大长老们举行的正法结集，称为上座部（Theravāda）的结集。

2. 在最初的一百年中，只有上座部一派，以后产生了另外的派别。

3. 被参加第二次结集的长老们谴责的恶比丘，共有一万人。

4. 他们建立了名为大众部（Mahāsanghika）的派别以后，产生了牛家部（Gokulika）和一说部（Eka-Vyonārika）。

5. 从牛家部产生出说假部（Pannattivāda）、多闻部（Bahulika），从它们中产生出制多山部（Cetiyavāda），加上大众部，共是六部。

6. 而从上座部产生出化地部（Mahiśāsaka）和跋耆子部（Vajjiputtiya）。

7. 又从跋耆子部产生出法上部（Dhammottariya）、贤胄部（Bhadrayāniya）、六城部（Chāndagārika）和正量部。

8. 又从化地部产生出说一切有部（Sabbathavāda）和法藏部（Dhammaguttika）两派。

9. 从说一切有部产生出迦叶遗部（Kassapiya）后，又产生出说转部（Samkantika），又产生出说经部（Suttavāda）。

10. 加上上座部，共十二部，加上前述六部，共满十八部。

据此图示如下：

大众部
- 牛家部
  - 说假部
  - 多闻部
  - ⇨制多山部
- 一说部

- 上座部
  - 化地部
    - 说一切有部
      - 迦叶遗部
      - 说转部
      - 说经部
    - 法藏部
  - 跋耆子部
    - 法上部
    - 贤胄部
    - 六城部
    - 正量部

这里的牛家部相当于北传佛教的鸡胤部，迦叶遗部相当于饮光部，说经部相当于经量部，跋耆子部相当于犊子部，六城部相当于密林山部。

北传佛教的《异部宗轮论》所讲与此略有不同：释迦逝世一百多年，因“四众”共议大天“五事”意见不同分出大众部和上座部，到第二百年从大众部中分出三部：一说部、说出世部、鸡胤部，以后又从大众部中分出一部：多闻部，再往后又从大众部中分出一部：说假部。后来又因僧众共议大天五事意见不同，从大众部中分出三部：制多山部、西山住部、北山住部。释迦逝世后三百年初，从上座部分出两部：说一切有部，亦名说因部；即本上座部，转名雪山部。后于三百年中，从说一切有部分出一部，名犊子部。后来又从犊子部分出四部：法上部、贤胄部、正量部、密林山部。后来又从化地部分出一部，名法藏部。释迦逝世后三百年来，从说一切有部分出一部，名饮光部，亦名善岁部。至第四百年初，从说一切有部又分出一部，名经量部，亦名说转部。

据此图示如下：

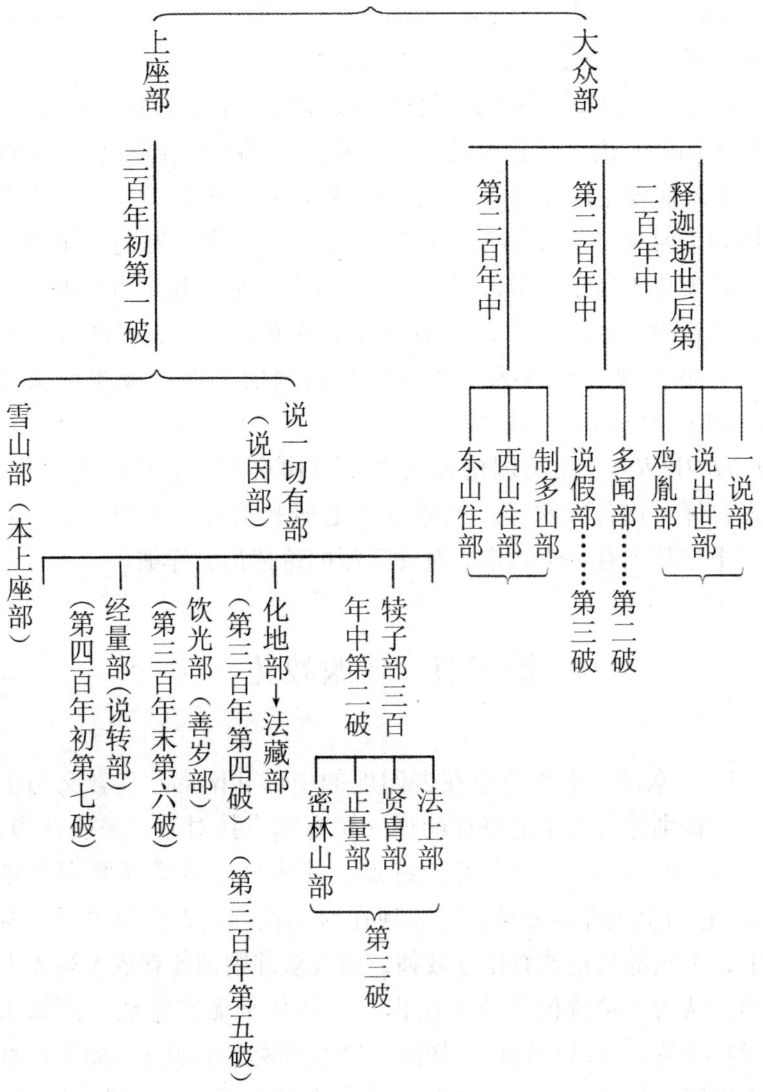

部派佛教的分裂实际上并不只这十八部或二十部，而是多得多。《三论玄义》卷下称："言诸部异执者，或二部，或五部，或十八部，或二十部，或五百部。"《大史》第五章又继续指出："11. 在第二百年之中，生出了十七部，而以后又产生了另外的派别。12. 如雪山部、王山部、义成部、东山住部、西山住部和金刚部。"《大史》在这里所说的王山部（Rājagiriya）、义成部

(Siddhatthika)、东山住部(Pubbaseliya)、西山住部(Aparaseliya)就是《论事》所说的安达派（Andhaka)。

《论事》(Kathāvatthu）是研究部派佛教最重要的典籍之一，是南传佛教七论（《法聚论》《分别论》《界论》《双论》《发趣论》《人施设论》《论事》）之一，相传释迦逝世后二百二十多年阿育王时期举行完第三次佛教结集以后，由目犍连子弟须所成，后流传于斯里兰卡，开始为口授相传，到释迦逝世后四百多年，觉音为其撰写注书，名为《品类义释》。公元1915年，缅甸学者翁肖曾（Show-Zan Aung）和英国的李斯·戴维斯夫人（Mrs. Rys Davids）译成英文，书名为 *THE POINTS OF CONTROVERSY*，由英国伦敦巴利圣典协会刊行。后译为日文，收入日译《南传大藏经》的第五十七册和第五十八册。全书共分二十三品二百一十六章，对安达派的论述最为详细。

第三节　各派教义

1. 大众部。主要分布在古印度的中部和南部，其教义与上座部，特别是与属于上座部的说一切有部直接对立。一般认为，《增一阿含经》具有大众部的特点，其律书主要是《摩诃僧祇律》。它与上座部的分歧首先表现在对佛教创始人释迦牟尼的看法上，上座部只把他看作宣教师，而大众部则把他看成至高无上的神，认为“诸佛世尊皆是出世，一切如来无有漏法，诸如来语皆转法轮，佛以一音说一切法，世尊所说无不如意，如来色身实无边际，如来威力亦无边际，诸佛寿量亦无边际，佛化有情，今生净信无厌足心，佛无睡梦，如来答问不待思惟，佛一切时不说名等，常在定故，然诸有情，谓说名等，欢喜踊跃；一刹那心了一切法，一刹那心相应般若，知一切法；诸佛世尊，尽智、无生智恒常随转，乃至般涅槃”①。和原始佛教比较起来，大众部

① 《异部宗轮论》，《影印宋碛砂藏经》第四百二十二册，渭，第87页。

对佛的看法已完全不同，他已不像俗人那样“有漏”烦恼，他的话字字句句都是佛教“真谛”，皆对众生有利，其“色身”“威力”“寿量”等皆无边际，常于禅定而具一切智慧。

大众部对菩萨的看法是：一切菩萨入母胎中，皆不执受羯剌兰、頞部昙、闭尸、键南为自体，一切菩萨入母胎时皆作白象形；一切菩萨出母胎时皆以右胁生；一切菩萨不起欲想、恚想、害想；菩萨为欲饶益有情，愿生恶趣，随意能往；以一刹那现观边智，遍知四谛诸相差别，眼等五识身有染、有离染，色、无色界具六识身，五种色根肉团为体，眼不见色，耳不闻声，鼻不嗅香，舌不尝味，身不觉触；在等引住，有发语言，亦有调伏心，亦有净作意，所作已办，无容受法，诸预流者，心、心所法能了自性。由此看来，菩萨比佛低一级。据《异部宗轮论述记》的解释，“羯剌兰”为“父母不净”，“頞部昙”为疱，“闭尸”为“凝结”，“日积渐长，乃为凝结”，“键南”此云厚，指胎儿的形成过程。大众部认为，菩萨并不像凡人那样经历这样的过程，而是入母胎时即为白象形，一切菩萨都是大慈大悲，“饶益有情”。大众部对阿罗汉的看法是：“为余所诱，犹有无知，亦有犹豫，他令悟入，道因声起。”原始佛教把阿罗汉果看作修行的最终目的，而大众部则分为三级：佛、菩萨、阿罗汉，把阿罗汉看作最低的一级，认为它还有五大缺点。从修行的实践来看，大众部基本上已经具备大乘佛教的雏形。

从哲学思想上来看，大众部与上座部及其说一切有部的重大分歧有三条：第一，说一切有部主张过去、现在、未来“三世实有”，而大众部只承认现在实有，过去、未来都没有实体；第二，说一切有部认为有三种无为法：择灭无为、非择灭无为、虚空无为。大众部主张有九种无为法，除以上三种外，还有空无边处、识无边处、无所有处、非想非非想处、缘起支性和圣道支性。第三，上座部认为“心性非本清净”，原有“贪、嗔、痴心”（《大毗婆沙论》卷二十七），大众部则认为“心性本净”，人人都有解脱的可能。

2. 一说部。据《异部宗轮论述记》，该部认为，世、出世法都是虚幻不实的，只有一个虚假的名字。“世、出世法皆无实体，但有假名，名即是说，意谓诸法唯一假名。”[①]

3. 说出世部。《十八部论》称为“出世间说部”，《部执异论》称为“出世说部”。据《异部宗轮论述记》的解释，该部认为世间烦恼都是由错误的意识引起的，由错误的认识产生“业”，由“业”得“果”，所以“世间法既颠倒生、颠倒不实，故世间法也有假名，都无实体”[②]。出世之法与此相反，“道及道果皆是实有，唯此是实，世间皆假”[③]，故名说出世部。

4. 鸡胤部。相传该部的创始人是鸡的后代，这很显然是原始信仰图腾崇拜的残余。佛教已由自发宗教发展为人为宗教，但仍然保留着原始信仰的痕迹，除鸡胤部之外，还有“犊子部”（Vātsīputra），意为“牛犊之子孙”，“乔达摩”（Gotama），意为“最好的牡牛”，迦叶（Kāśyapa），意为“乌龟”，这是研究宗教史中很有趣的问题。《部执异论》称为“灰山住部”，这是将梵文 Kukkuta（鸡）误读为 Kukūla（灰烬）之故。《十八部论》称为“窟居部”，这也解释为该部的住地。该部教义与大众部基本相同，它只注重论，而不重视经和律。

5. 多闻部。据《异部宗轮论述记》，该部创始人“广学三藏，深悟佛言，从德为名，名多闻部，当时律主，具多闻德也”。该部认为，佛陀所讲的无常、苦、空、无我、涅槃寂静这五个道理都是“出世教”，能使人超离世间，达到解脱。

6. 说假部。亦称分别说部、施设部、假名部、施设论部、假设部等，该部不像“一说部”那样认为一切事物皆无实体，也不像“说出世部”那样认为只有出世之法才是真实的，它认为“世、出世之法皆有假有实”。

7. 制多山部及安达派。制多山部的中心地在驮那羯磔迦国，

---

① 《异部宗轮论述记》卷中，第2—3页。

② 《异部宗轮论述记》卷中，第3页。

③ 《异部宗轮论述记》卷中，第3页。

据玄奘《大唐西域记》记载，在案达罗国以南一千多里，是大天的住地，该地有塔，名“大制多”。在制多山居住的僧众由于议论大天“五事”意见不同而分裂。居住于制多山以东的叫做“东山住部”，居住于制多山以西的叫做西山住部，此外还有王山派和义成派，这四派总称为“安达派”。北传佛教的《异部宗轮论》对安达派毫无记载，要了解该派教义只能靠《论事》，《论事》列举安达派教义六十二条，其要点是“佛语皆是出世”，“断一切结为阿罗汉”，“证涅槃者断结”。列举东山住部二十二条，要点是“四谛是无为”，“有中阴”等。列举东山住、西山住二部同执五条，要点是“阿罗汉有遗失不净”，“菩萨前生已得决定道”等。列举王山部执两条，要点是“业报长者必尽一劫”。列举王山、义成二部同执八条，要点是“法不相摄”“法不相应”[①] 等。

8. 说一切有部。所谓“一切有”有两方面的含义，一是“法（现象或存在）一切有”，二是“时”一切有。所谓“法一切有”是说“一切法皆有其自性，是一种实在的有”[②]，不仅一切法是实在的，构成“法”的因也是实在的，所以“说一切有部”又称为“说因部”。所谓“时一切有”是说过去、未来、现在三世皆是实有。说一切有部把一切法分为有为法和无为法两种。所谓“有为法”是指因缘和合而有生灭变化的事物或存在，所谓“无为法”是指不依借因缘、没有生灭变化的事物或存在，即佛法真如。“无为法”包括三种：一是择灭无为，亦称数灭无为，通过智慧的抉择力而达到的精神解脱，“数”为智慧的法数；二是非择灭无为，又称非数无为，不用智慧的抉择力，在缺乏因缘的情况下自己所达到的一种解脱境界；三是虚空无为，是指无限无际、真空寂灭，没有任何障碍，一切有碍之物体可在其内自由行动。说一切有部还把“有为法”分为：色法（11 种），指物质现象；心法（1 种），指精神现象；心所有法（46 种），

① 上述引文见《内学》第二辑，何载阳译。

② 吕澂：《印度佛学源流略讲》，第 49 页。

即心所有的各种心理作用；心不相应行法（14种），即自性与心不相应的非色、非心而又有生灭变化的各种现象。再加上述无为法三种，即为五位七十五法。

说一切有部在古印度西北部的克什米尔、犍陀罗等地曾盛极一时，以阿毗达磨论书为主要依据，公元前后的迦多衍尼子是该部的著名论师，所著《发智论》为本派的主要论书。此外还有称为“六足论”的六部著作：《施设足论》《识身足论》《界身足论》《品类足论》《集异门足论》《法蕴足论》。《阿毗达磨大毗婆沙论》是论述本派理论的综合性著作，而世亲的《俱含论》为其概要性论书，在这些论书中包括本派“四大论师”世友、法救、妙音、觉天的观点，也包括其他一些部派的学说。该部所依据的经为“四阿含”，特别是《杂阿含》，其律书为《根本说一切有部毗奈耶》和《十诵律》。

9. 雪山部（根本上座部）。上座部原盛行于印度北部，释迦逝世后三百多年，从上座部分出说一切有部，主要盛行于印度北部和中部，迫使原上座部向雪山方向移转，而改称为“雪山部”。该部有自己的律书，即汉译《毗尼母经》。

10. 犊子部。大乘佛教称它为“法我俱有宗”，是因为它把世界万物（法）分为“五藏”：过去、未来、现在、无为、不可说，均属实有。“不可说”就是补特伽罗（pudgala，我），相当于灵魂。原始佛教否定灵魂，主张“无我”，与主张“有我”的婆罗门教相对抗，但又侈谈“业力”“轮回”，造就讲不通。犊子部为了讲清这个问题，提出补特伽罗实有，这使佛教和婆罗门教接近起来。犊子部的这一主张受到佛教其他部派的强烈反对，为了调和这种矛盾，犊子部对这一问题的解释是：“补特伽罗非即蕴离蕴，依蕴处界，假施设名。”[①] 它把补特伽罗和“五蕴”（色、受、想、行、识）联系起来，“我”与“五蕴”既不相同又不相异，这样讲“我”，既不同于主张“无我”的佛教，又不同于“有我”的婆罗门教。

---

① 《异部宗轮论》，《影印宋碛砂藏经》第四二四册，渭，第89页。

11. 上座部、贤胄部、正量部、密林山部。据《异部宗轮论》，由于对一颂的解释不同，从犊子部分出这四部。该颂为“已解脱更堕，随由贪复，还获安喜所乐，随乐行至乐”。据真谛传说，是由于对犊子部的经典《舍利弗毗昙》的解释不同而分出这四部，这种解释比《异部宗轮论》更合乎情理。据《异部宗轮论述记》，“贤”为部主名，“胄”意为苗裔，所以“贤胄部”意为“贤阿罗汉之苗裔”。该部的著作为《三法度论》(异译本名为《阿含慕钞》)。所谓“正量部”，是说“此部所立甚深法义，刊定无邪”。该部的论书为《三弥底部论》，律书为《律二十二明了论》。“密林山部”是说部主居住于有“密林”之“山”，《文殊问经》称为芿山部。

12. 化地部。据《异部宗轮论述记》，此部之主本是国王，为了教化本国人民而舍国出家，“从本为名，名化地部”。《部执异论》称为“亚地部”，近似于“化地部”的解释。它认为“过去未来是无，现在无为（无为法）是有，于四圣谛一时现观，见苦谛时能见诸谛”[①]。该部认为僧中有佛，故对僧布施即获大果。佛与声闻、缘觉二乘的修行道路一样，同样达到解脱。

13. 法藏部。亦称法密部，据《异部宗轮论述记》，“法藏”为部主名，“此部师说，总有五藏，一经、二律、三阿毗达磨、四咒、五菩萨”。它认为佛虽在僧中，但对佛布施的功德大于施僧，“佛与三乘解脱虽一，而圣道异”，其余教义同大众部。

14. 饮光部。据《异部宗轮论述记》，该部部主是古代仙人饮光的后代，认为烦恼未断或业果未熟，即是过去有体；若烦恼已断，或业果已熟，过去有体即无，“若法已断已遍知则无，未断未遍知则有”[②]。

15. 经量部。亦名“说转部”，自称以庆喜为师。《异部宗轮论述记》称：“此师唯依经为正量，不依律及对法，凡所援据，以经为证，即经部师，从所立为名。经量部亦名说转部者，此师

---

① 《异部宗轮论》，《影印宋碛砂藏经》第四百二十二册，渭，第87页。

② 《异部宗轮论》，《影印宋碛砂藏经》第四百二十二册，渭，第422页。

说有种子，唯一种子，现在相续，转至后世，故言说转。”据《异部宗轮论》，它以为人体内有一种“一味蕴”，以它为根本长出“根边蕴”，即通常所说的“五蕴”，此“一味蕴”由受、想、行、识四蕴组成，可称为“胜义补特伽罗”（相当于灵魂），通过它而轮回流转。

从以上对各部派教义的简述之中，我们发现两条明显的发展线索：从大众部到一说部的“世、出世法皆无实体，但有假名”，为大乘空宗的形成打下了基础；从上座部到经量部的“种子”说、“一味蕴”说为大乘有宗的“种子”说、“阿赖耶识”说的形成打下了基础。

第四节 上座部佛教

上座部佛教流行于斯里兰卡及东南亚诸国，影响巨大，所以要详加介绍。

上座部佛教的经典分为律、经、论三藏。律藏主要有三部：（1）《经分别》，主要内容是比丘和比丘尼应当遵守的戒律条文；（2）《犍度》，是对《经分别》的补充；（3）《附篇》，大体相当于戒律手册。

经藏分五大部：（1）《长部》，共三十四种经，相当于汉文的《长阿含经》；（2）《中部》，共一百五十二部经，相当于汉文的《中阿含经》；（3）《相应部》，共二千二百八十九部经，相当于汉文的《杂阿含》；（4）《增支部》，共二千多部经，相当于汉文的《增一阿含经》；（5）《小部》，没有相应的汉译，其中某些重要经典如《经集》《法句》《本生经》（选译）、《长老尼偈》等已经译为汉文。

论藏共七部：《法集论》《分别论》《论事》《人施设论》《双论》《界论》《发趣论》，还有属于藏外的《清净道论》，都是研究上座部佛教的主要理论根据。根据日本佛教学者的研究，上座部佛教七部论除《论事》之外的六论是从《舍利弗毗昙》

发展而成的，上座部的《发趣论》相当于《舍利弗毗昙》的《处所》，上座部的《法集论》《人施设论》相当于《舍利弗毗昙》的《无问》，上座部的《分别论》相当于《舍利弗毗昙》的《问》，上座部的《界论》相当于《舍利弗毗昙》的《摄》和《相应》，上座部的《双论》相当于《舍利弗毗昙》的《摄》一类。

上座部佛教的理论要点，吕澂先生根据《成实论》卷二，总结为十条[①]：(1) 否定二世有实体；(2) 认为并非一切法都实有；(3) 否定有中阴；(4) 现观是顿得；(5) 主张罗汉不退；(6) 随眠与心不相应（南方有时也讲可相应）；(7) 主张心性本净（南方认为心性不一定净）；(8) 否定未受报业有体；(9) 上座各派对佛是否在僧数看法不一致，化地特别主张佛在僧数，不能把佛孤立在僧外；(10) 否定有人我。

上座部佛教已经发展为烦琐的经院哲学，主要理论是对心法和色法的论述。

上座部佛教主张有八十九心、五十二位心所法，八十九心生起时有十四行相。上座部的色法分为地、水、火、风四大种及二十四种四大种所造色。

上座部佛教认为色法是因缘和合而成，因即内因，上座部佛教称之为自性。缘是外部条件，上座部佛教区分为二十四缘：

1. 因缘。包括贪、嗔、痴三恶根和无贪、无嗔、无痴三善根。

2. 所缘缘。各种心识所缘的对象。

3. 增上缘。对事物的形成起促进作用的意志、思想、劲头等因素。

4. 无间缘。是心法和心所法的相续状态。

5. 等无间缘。无间缘的同义词。

6. 俱生缘。受、想、行、识或坚硬、黏附、炎热、动摇等属性的共同生起。

---

① 吕澂：《印度佛学源流略讲》，第 43 页。

7. 交互缘。事物之间的相互依赖关系。

8. 依止缘。如眼识依止眼根等。

9. 亲依止缘。依止关系的相续状态。

10. 前生缘。识是所缘对象的前生缘。这种论述类似于唯识所说的识为万物之源。

11. 后生缘。目标对现行的影响。

12. 修习缘。通过固定修炼，应当达到一定的结果。

13. 业缘。业即行为，是产生结果的重要条件。

14. 异熟缘。得到异熟果报的条件。

15. 食缘。即四食。第一食是动物为了维持生命而吃的食物，第二种食是触食，第三种食是心的作意，第四种食是识。

16. 根缘。此根是被称为感官的根及命根等。

17. 禅缘。“禅”即佛教徒修炼的禅定。

18. 道缘。“道”即佛教徒修炼的道行。

19. 相应缘。事物之间的相应关系。

20. 异生缘。互为缘起条件的色、非色之间的关系。

21. 有缘。“有”即存在，有缘是使事物存在的条件。

22. 非有缘。是使事物息灭的条件。

23. 无缘。与非有缘同义。

24. 非无缘。与有缘同义。

上座部佛教通过因缘理论说明我、法皆空。上座部的空观有十行相空、十二相空、四十二相空等，因为烦琐，此不赘述。原始佛学只讲我空，不讲法空。上座部提出空、无相、无愿三解脱门，既是我空，又是法空。由此可见，上座部佛教对原始佛教来说有很大发展。

参考资料

1. 北山、传庵：《试说部派佛教》，载《现代佛学》1961 年第一期。

2. 《异部宗轮论述记》卷上。

3. ［日］佐佐木教悟等著，杨曾文、姚长寿译：《印度佛教史概说》第七章、第八章。

4. 吕澂：《印度佛学源流略讲》第二讲《部派佛学》。

5. ［英］渥德尔著，王世安译：《印度佛教史》第九章《十八部》。

6. ［印］阿耨楼陀著，叶均译：《摄阿毗达磨义论》，附录《南传的八十九心》《南传的五十二心所法》《八十九心的十四作用与心识活动》《南传上座部的色蕴》。

思考题

1. 略述十八部的分裂情况。

2. 略述大众部、上座部、说一切有部的理论主张。

第七章　大乘佛教

大约到公元 1 世纪，印度佛教又进入一个新的发展时期——大乘佛教时期。“乘”为乘载的意思，“大乘”意谓乘载多数人度过苦海，到达涅槃彼岸。

关于大乘和小乘的分裂，社会上流传着这样一种说法：大乘佛教出现后，把以前的原始佛教和部派佛教贬称为小乘佛教。小乘佛教不服气，自称为上座部。

我认为这种观点是不对的，“小乘”确实是贬称，意谓小根器者，只能使少数人度过苦海。大乘佛教还自称为满字教，意谓圆满无缺的佛教，把小乘佛教贬称为半字教，意思是说，他们对佛教道理只是一知半解。

大乘佛教贬低部派佛教是理所当然的，因为他们之间的理论主张是不同的，很多部派的某些理论只是大乘佛教的雏形，还没有成熟起来。原始佛教是释迦牟尼及其弟子时代的佛教，大乘佛教不可能对此进行贬称，因为大乘佛教徒对佛祖释迦牟尼始终是尊重的，如果它贬低原始佛教，就等于贬低佛祖释迦牟尼，这不合乎情理，也不是历史事实。尽管大乘佛教的观点不同于原始佛教，但追其根源，其基本原理都可以追溯到原始佛教。佛教各部派的关系，正如印顺法师所说的，是同源异流。关于这个问题，印顺法师的《性空学探源》和《唯识学探源》进行了很好的论述，我们在以下各章论述中观、唯识哲学理论的时候，也会涉及这个问题。

说小乘佛教自称为上座部佛教，也是不对的，小乘佛教实际就是部派佛教，如前所述，部派佛教包括上座部系列和大众部系列的十八部或二十部，怎能说只是上座部佛教呢？现在流行于斯里兰卡、东南亚诸国及我国云南省傣族、德昂族等少数民族地区的佛教，是与大众部直接对立的上座部，这是名副其实的上座部，不能说是“自称”为上座部。

大乘佛教最初起源于南印度，然后向东向北发展，它发展了大众部的神话理论，说教主释迦牟尼具有三身、六神通、三十二相、八十种好等等。这使他不仅具有地上君王的一切特征（三十二相、八十种好），而且使他脱离人世，凡人只看到他的化身，他的法身和报身是看不到的。因为大乘佛教认为：法身无相，只是宇宙实体的“真如”，也就是佛教的绝对真理；报身佛玄居净土（佛教的极乐世界），不来人间，只有化身释迦牟尼居住于人世。

佛教寺院往往塑有“三身佛”像，当中一尊是法身佛，名毗卢遮那佛。左边的是报身佛，右边的是应身佛，亦称化身佛即释迦牟尼。严格来讲，此类塑像并不符合大乘佛教义理，如上所述，佛的法身和报身凡人是看不见的，尤其是无相的法身佛，不能用任何形相表达。

小乘佛教只承认释迦牟尼佛，大乘佛教认为还有很多佛，如佛教寺院中往往塑有“三世佛”像，对于“三世佛”有两种不同的解释，其一认为：中间一尊是娑婆世界的释迦牟尼佛；东方是净琉璃世界药师佛，其塑像一般是结跏趺坐①，左手持钵，右手持药丸；右边是西方极乐世界的阿弥陀佛，亦称无量寿佛，因为大乘佛教认为此佛可以接引众生去西方极乐世界，所以受到净

① 跏趺坐，僧人的一种坐法，两足交叉置于左右股上，称为“全跏趺”。单以右足押在左股上，或单以左足押于右股上，叫做“半跏趺”。

土宗的特别崇敬，其塑像一般也是结跏趺坐，掌中有一莲台，表示接引众生的意思。这样的三佛被称为“横三贤”。其二认为：正中是现在世界的释迦牟尼佛，东边是过去世的迦叶佛，有的寺院塑为燃灯佛，西边是未来世的弥勒佛。此称“竖三贤”。

大众部曾提出菩萨的概念，但没有具体的菩萨形相，佛教发展到大乘时期，出现了很多菩萨，其中著名的有以下几个：

弥勒。一般称为弥勒佛，实际上他不是佛，而是一位菩萨。佛教传说：他原名阿逸多，出身于婆罗门家庭，后作释迦牟尼的弟子，先佛入灭，上生于兜率天内院①，释迦牟尼预言：经四千岁（相当于人世间的五十六亿七千万岁），他要下生人间，于华林园龙华树下成佛，所以被称为“未来佛”。佛寺里笑口常开的胖弥勒，并不是弥勒的本像，而是五代时一个叫契此（？—公元916年）的疯和尚，他原为浙江奉化人，因为他常背一布袋入市，所以被称为布袋和尚，又号长汀子，最后死在一座佛寺的东廊下，死前写了一首诗：“弥勒真弥勒，分身千百亿，时时示时人，时人自不识。”人们以为他是弥勒的化身，故塑像供养。人们往往把胖弥勒的塑像看作宽容乐观的象征，两旁往往贴着这样的对联：

大肚能容，容天下难容之事；
开口便笑，笑天下可笑之人。

随着佛教的传入，大乘佛教诸菩萨也传入我国，文殊、普贤、观音、地藏被中国佛教徒称为四大菩萨。

文殊菩萨全称文殊师利（Mañjuśri），意译妙吉祥，相传于公元前6世纪生于舍卫国的一个婆罗门家庭，像佛一样具三十二相八十种好。常为佛的左胁侍，专司智慧，顶有五髻，表示法界体性智、大圆镜智、平等性智、妙观察智、成所作智五智。左手持莲花，花中安放《般若经》，表示般若智慧一尘不染。右手持

① 兜率天（Tusita），佛教欲界的一天，分内、外两院，弥勒住于内院。

宝剑，表示大智大慧的锐利。坐骑是狮子或孔雀，表示勇猛无畏，威力无比。根据《宝藏陀罗尼经》和《华严经》的记载，文殊菩萨的道场在山西省的五台山。

普贤菩萨是梵文 Samantabhadra 的意译，音译三曼多跋多罗。常为佛的右胁侍，文殊表智，普贤表行，也可以说文殊表智，普贤表理。又文殊表根本智，普贤表分别智。

相传普贤菩萨发十大愿：礼敬诸佛、称赞如来、广修供养、忏悔业障、随喜功德、请转法轮、请佛住世、常随佛学、恒顺众生、普皆回向。普贤菩萨发誓虚空界尽、众生界尽、众生业尽、众生烦恼尽，这十大愿行才尽。

相传普贤菩萨选修十忍法：

1. 音声忍。对于佛所说的一切教法，都能深信悟解。

2. 顺忍。顺菩提正道，趣向最高的无生果位之忍。

3. 无生法忍。能通达一切事物无生无灭的道理，并依此修心。

4. 如幻忍。了达一切事物依因缘而生，犹如幻化，本来是空寂无物。

5. 如焰忍。了达一切事物像阳焰一样似有实无，没有真实存在。

6. 如梦忍。了达一切妄心，如梦境一样，虚幻不实。

7. 如响忍。了达世间一切语言声音都是依因缘而生，虚假不实，如空谷回响。

8. 如影忍。了达自己色身由五阴聚合而成，虚幻不实，就像影子一样。

9. 如化忍。了达世上事物无而忽有，有而还无，犹如幻化而不真实。

10. 如空忍。了达世上一切法界一切事物都如虚空一样无形无色。

根据《华严经·菩萨住处品》的记载，普贤菩萨的道场设在峨眉山。

四大菩萨中最引人注目的是观世音，他有时男相，有时女相，慈悲善良，俘虏了不少善男信女的灵魂。这位菩萨原来并非女相，而是婆罗门教的一位善神，名叫双马童。早在公元前1500年左右编订的《梨俱吠陀》中，他就是一位很著名的青年天神了。他行动神速，比思想还要快。他大慈大悲，救苦救难，能使盲人复明、残废复全、母牛多乳、阉人生子、老女得夫、沉船获救等。公元3—6世纪才被大乘佛教吸收并演变为一位菩萨，其威力和双马童几乎完全一致。他有一个绰号，叫马头观音或马头明王，仍然保留着马的特征。

“观世音”的意思是：遇难众生只要念他的名字，他就“观”其声音，前去拯救。一般人都是“听”声，这位菩萨却是“观”声，眼睛当耳朵用，这就是大乘佛教所讲的“六根圆通”（眼、耳、鼻、舌、身、意六根互用）。

观世音往往略称为观音，这是因为唐太宗李世民讳“世”字。我国关于这位菩萨的神话传说很多，认为他是阿弥陀佛的左胁侍，同阿弥陀佛及其右胁侍大势至合称“西方三圣”。因为观世音菩萨协助阿弥陀佛接众生往生西方极乐世界，所以观世音菩萨受到浮土宗的特别崇拜。

观世音菩萨的生日相传为农历二月十九，成道日是农历六月十九，涅槃日是农历九月十九，佛教徒届时举行纪念活动。

观世音菩萨的道场在印度有一处即南海的补怛洛迦山，在中国有两处，即浙江的普陀山和西藏的布达拉山。藏族还把观世音和本民族的起源联系在一起。相传观世音菩萨曾化作一个神猴，圣救度母化作一个罗刹女，二者相交生出六个孩子，由此繁衍而成藏族。

他的形相为什么是女形呢？这个问题有两种解释，其一是说：这位菩萨有三十二种应化身，因其中有比丘尼（尼姑）身、优婆夷（女居士）身、童女身等女形，所以观音塑像有时为女相。其二认为：相传这位菩萨为我国东周妙庄王的第三个女儿。

这位菩萨的形相甚多，绰号甚多，其中最著名的是“千手千眼观音”像，表示度一切众生，毫无阻挡。除此之外，还有“水月观音”，即观水中月的观音相。还称为“白衣大士”，即身穿白衣、脚踩莲花的观音形相，以“白”表示明心洁净。又称为“送子娘娘”，意思是说：妇女只要摸一摸她的塑像，即可怀孕生子。

最常见的是“千手千眼”观音像，关于这个问题有两种不同的解释：据《千手千眼观世音菩萨广大圆满无碍大悲心陀罗尼经》，观世音在过去无量劫，听千光王静住如来说“广大圆满无碍大悲心陀罗尼”，发誓要利益一切众生，于是长出千手千眼，两眼两手下，左右各具二十手，手中各有一眼，共四十手四十眼，各配二十五“有”（包括四洲、四恶趣、六欲天等有情众生存在的二十五种环境），而成千手千眼。第二种解释则与妙庄王的三公主有关，相传妙庄王病后，须要服用人手人眼制成的药，孝心十足的三公主知道后，毅然决然挖出自己的双眼，砍下自己的双手，制成药给父亲吃，父亲服用此药痊愈后，十分感激。为了纪念自己的女儿，让塑匠塑一个“全手全眼”观音像，塑匠听错了，塑了个“千手千眼”观音像。

相传地藏王原为新罗国（今朝鲜）的皇太子，原名金乔觉（公元630—729年），当他二十四岁时，即唐高宗永徽四年（公元653年）出家为僧，然后来到安徽省九华山修禅，于开元十六年（公元729年）农历七月三十号夜成道，当时他已经是九十九岁高龄的老人了，不久后入灭。所以农历七月三十号被定为地藏菩萨成道日，居时举行盛大的庆祝活动。

地藏菩萨像一般为声闻形，身披袈裟，遮覆右肩，左手持莲花，右手作施无畏形或持宝珠，坐在莲花台上。

地藏菩萨像，左为道明，右为闵公。闵公即闵让和，他施地给地藏王建寺，并遣其子出家，法名道明。地藏菩萨以大愿著称，他曾发宏大誓愿：“众生度尽，方证菩提；地狱未空，誓不成佛。”

神话色彩加重，这是大乘佛教的第一特点，第二特点是在修行实践方面所提出的“六度”主张。小乘佛教徒只求自身的解脱，主要修行戒、定、慧三学，大乘佛教徒不仅要求自身解脱，还要“普度众生”，主要修行“六度”，亦称“六波罗蜜”，是从生死此岸到达涅槃彼岸的六种修行方法或途径。六度的内容是：布施、持戒、忍辱、精进、禅定、般若。

布施分为三种：向别人布施财物，称为“财施”；向众生弘扬佛法，称为“法施”；使众生不恐惧，称为“无畏施”。大乘佛教为了弘扬布施思想，编造了很多故事，“舍身饲虎”就是其中之一：王子摩诃萨陀看见一只濒于死亡的母虎，为了救活虎命，决心把自己的身体布施给他。为了便于让虎吃掉自己，王子费尽心机，先是从高山跳下，摔得血肉模糊，后刺破喉管，让自己的鲜血流入虎口。

持戒也是六度的重要内容之一，佛教认为：持戒如捉贼（烦恼），禅定如缚贼，智慧如杀贼。持戒是戒、定、慧三学之首，大乘佛教规定了很多烦琐的戒条，如不饮酒、不吃肉、不淫、不盗等都是佛教的重要戒律。

大乘佛教的第三个特点是把修行果位分为佛、菩萨、罗汉三级。小乘佛教的修行果位共分四级：第一是预流果。梵文须陀恒（Srotāpata），“预流”的“流”字是指无漏（无烦恼）道，所谓“预流”是刚刚参与此流。第二是一来果。梵文斯陀含（Sakrdāgāmin），意思是到人间再来一次。第三是不还果。梵文阿那含（Anāgāmin），意思是不再还生人间。第四是罗汉果。梵文阿罗汉（Arhant），简称罗汉，意译“应供”，意思是受天神和人的供养。

小乘佛教徒把罗汉果看作最高果位，大乘佛教则把罗汉果看作最低果位，这本身就含有贬低小乘佛教的意思。

参考资料

1. 明旸：《佛法概要》第四章《五大菩萨》。

2. 田光烈：《印度大乘佛学概述》，载于《印度宗教与中国佛教》。

3. ［日］佐佐木教悟等著，杨曾文、姚长寿译：《印度佛教史概说》第九章《印度教的形成和大乘佛教》。

4. 吕澂：《印度佛学源流略讲》。

5. ［英］渥德尔著，王世安译：《印度佛教史》第十章《大乘和中观派》。

思考题

1. 大乘佛教有哪些特点？

2. 解释名词：弥勒、四大菩萨、六度。

3. 有人说：大乘佛教出现后，把以前的原始佛教和部派佛教贬称为小乘佛教。小乘佛教不服气，自称为上座部佛教。这种说法对吗？为什么？

第八章　第一位著名的大乘佛教论师——马鸣

第一节　马鸣其人

马鸣是梵文 Aśvaghoṣa 的意译，音译阿湿缚窭沙，生活年代大约是公元一、二世纪，父名卢伽，母名瞿那。原籍为中天竺舍卫国摩揭陀城，是婆罗门教外道，能言善辩，在与佛教长老胁尊者（此据《马鸣菩萨传》，据《付法藏因缘传》，则为胁尊者的弟子富那奢）的辩论中失败，改信佛教，拜胁尊者（或富那奢）为师。博通各部佛经，明达内学、外道各种理论，受到国王的优遇。

北天竺小月氏国王率兵征服中天竺国，要求得到佛钵和辩才比丘。中天竺国屈服，把马鸣交给小月氏国。马鸣在小月氏国为外道徒众说法，所有听讲者，对佛法皆开悟，马鸣“垂泪听法，无念食想”。后以马解其音，所以称为马鸣。此据《马鸣菩萨传》。另一说则认为：“初降生时，感动诸马悲鸣不已，故号马鸣。”

马鸣因为弘扬佛法有功，倍受迦腻色迦王的尊敬，被人们称为“功德日”，因其功德殊胜，所以马鸣又被称为“功胜”。

马鸣是伟大的佛教诗人，曾著佛传诗《佛所行赞》；又是伟大的音乐家，曾著妙乐《嚩吒咧罗》；又是伟大的佛教哲学家，曾参与编纂《大毗婆沙论》，在克什米尔举行的结集大会上担任著文，并释八犍度。相传他还依据《华严》《密严》《胜鬘》《光明》《大集》《楞伽》《璎珞》《般若》《法华》《涅槃》等最初出现的大乘经，造《大乘起信论》，很多著名的佛教学者对此提出异议。

第二节 关于《大乘起信论》问题

一、关于《大乘起信论》真伪的争论及其思想渊源

关于《大乘起信论》真伪的争议是佛教研究领域最大的一场聚讼公案。早在隋代，法经等著《众经目录》卷五称："《大乘起信论》一卷，人云真谛译，勘真谛录无此论，故人疑。"[①] 这里首先对《起信论》的译者提出了疑问。唐均正著《四论玄义》卷十称："《起信论》一卷，人云马鸣菩萨造。北地诸论师云：非马鸣造论，昔日地论师造论，借菩萨名目之，故寻翻经目录中无有也。未知定是否？"[②] 这里又对《大乘起信论》的作者提出了疑问。

近来中日两国佛教学者又对《大乘起信论》的真伪问题展开热烈争论。日本的著名佛教学者望月信亨、松元文三郎、村上专精等都认为《起信论》是伪书，并非马鸣所造，亦非真谛所译，而是中国人的伪造。持反对意见者是常盘大定、羽溪了谛等，这两位先生也是很有名望的佛教学者。中国的著名佛学专家梁启超、欧阳竟无、吕澂等主张《大乘起信论》是伪书，持反对意见者是章太炎、太虚、唐大圆等。

---

① 《大正藏》卷五五，第142页。

② 转引自梁启超《大乘起信论考证》。

问题越辩越明，现在，认为《起信论》系伪书者占上风。其依据是《楞伽经》。《楞伽经》有三个汉译本：（1）《楞伽阿跋多罗宝经》四卷，刘宋求那跋陀罗译于元嘉二十年（公元443年）；（2）《入楞伽经》十卷，元魏菩提流支译于延昌二年（公元513年）；（3）《大乘入楞伽经》七卷，唐实叉难陀译于久视元年至长安四年（公元700—704年）。三本内容略有出入。

《大乘起信论》主要依据十卷本的《楞伽经》。《起信论》和《楞伽经》的中心议题都是如来藏缘起。然而，据《楞伽经》卷七，如来藏和阿赖耶识可以视为异体，“如来藏不在阿赖耶识中，是故七种识有生有灭，如来藏识不生不灭”①。如来藏与阿赖耶识也可以视为同体，直称阿赖耶识为“如来藏阿赖耶识”。《楞伽经》对如来藏的这两种论述，对后代佛教都产生过巨大影响，从“异体”论可以引出摄论师的“九识”论，《大乘起信论》继承的是“同体”论，如来藏与阿赖耶识为同一个东西。《大乘起信论》认为，如来藏即阿赖耶识，也就是众生心，是产生世间及出世间万物的总根源，既包括清净因素，又包括污染因素。“依如来藏故有生死，依如来藏故得涅槃。”②

什么是如来藏呢？如来藏是梵文 Tathāgatagarbha 的意译，据世亲著《佛性论·如来藏品》，如来藏有三义：（1）所摄藏，如来之性（即真如）摄藏一切染污法和清净法，又摄藏一切众生，故称“一切众生是如来藏”③，《楞伽经》卷四称：“如来之藏，是善不善因，能遍兴造一切趣生。”④《大乘起信论义记》卷上称：“如来藏心含和合不和合二门，以其在于众生位故，若佛地则无和合义。”⑤ 意思是说：在众生位的如来藏含有染污和清净的和合之义，在佛位的如来藏只有清净内容，并无染污之意。（2）隐覆藏，“如来性住道前时，为烦恼隐覆，众生不见，故名

---

① 《大正藏》卷十六，第556页。

② 《大正藏》卷三二，第580页。

③ 《大正藏》卷三一，第795页。

④ 《大正藏》卷一六，第510页。

⑤ 《大正藏》卷四四，第250页。

为藏"[①]。在没有成佛以前，如来藏被烦恼覆盖，众生是看不见的，所以称之为藏。（3）能摄藏，真如虽然被烦恼隐覆，但仍具如来的一切功德，《大乘起信论》称如来藏具无量性功德。《大乘起信论义记》卷下称："隐时能出生如来，名如来藏，是时为万德依止，名为法身。"[②] 被烦恼隐覆的如来藏，因为含有如来本性，所以能够出生如来，故称如来藏。除掉烦恼，如来藏显现时，具有无量性功德，这就称为法身。

二、别具一格的唯识主张

《大乘起信论》的核心内容是阿赖耶识缘起，显然属于唯识系统，但其唯识观点既不同于摄论师、地论师，也不同于玄奘创立的唯识宗。

《大乘起信论》的阿赖耶识是真妄和合，所谓"真"系指心真如门，所谓"妄"系指心生灭门。真如和无明互相熏习。《起信论》讲熏习四法："一者净法，名为真如；二者一切染因，名为无明；三者忘心，名为业识；四者妄境界，所谓六尘。"[③] 所谓"熏习"，就像一件衣服一样，衣服本来没有香味，由于香气熏习使之有香。真如本来是清净的，并无染污的因素，由于无明的熏习使之有染污之意。无明本来是染污的，并没有清净的因素，但由于真如的熏习，使之有清净的因素。无明属染因，业识属忘心，六尘（色、声、香、味、触、法）属妄境界，这三种都属染法，不觉；只有真如属于净法，觉。

玄奘的唯识宗认为真如不受熏习，《成唯识论》卷九对真如是这样解释的："真谓真实，显非虚妄；如谓如常，表无变易，谓此真实于一切位常如其性，故曰真如。即是湛然不虚妄义，亦言显此复有多名，谓名法界及实际等。"[④] 这是说，"真"意谓真

① 《佛性论·如来藏品》，《大正藏》卷三一，第796页。
② 《大正藏》卷四四，第273页。
③ 《大正藏》卷三二，第578页。
④ 《大正藏》卷三一，第48页。

实，并非虚妄，“如”谓常恒不变，真如不管是在佛位、菩萨位，还是在众生位，其性质是不变的。《成唯识论》对“真如”的解释与《大乘起信论》显然不同。《起信论》的“真如”可以受熏，由清净变染污。唯识宗的“真如”之性永恒不变，不能受熏。《成唯识论述记》卷二对“真如”作如下解释：“真以简妄，如以别倒，初简所执，后简依他，或真以简有漏，非虚妄故，如以别无漏，非有为故。真是实义，如是常义，故名真如。”① 真如不同于遍计所执性，也不同于依他起性，而是圆成实性，即唯识实性。既是真实的，又是永恒的，故不受熏。

《大乘起信论》从五个方面说明唯识宗的第七识末那识：业识、转识、现识、智识、相续识，“一者名为业识，谓无名力不觉心动故”②。业识是由于无明的力量，使不觉之心活动起来。“动”就是业，也就是末那识的“恒审思量”。“二者名为转识，依于动心能见相故。”③ 众生的心理活动能见“我”相，这就是唯识宗所说的第七识妄执第八识为“我”。“三者名为现识，所谓能现一切境界，犹如明镜现于名像。”④ 由于“我见”即生我所，也就是客观事物，唯识学派认为，客观外境是虚幻不实的，犹如影像现于镜前。“四者名为智识，谓分别染净法故。”⑤ 由于第七识将第八识妄执为“我”，这就产生了区别作用，此称“智识”。“五者名为相续识，以念相应不断故，住持过去无量世等善恶之业令不失故，复能成熟现在未来苦乐等无差违故。”⑥ 这就把生死相续归之于第七识，而唯识宗则把生死相续归之于第八识。因为第八识储存的种子，有的今世感果，有的来世感果。来世感果的种子就成为业报轮回的原因。

唯识宗和《大乘起信论》虽然都讲心、意、识，但对“意”

---

① 《大正藏》卷四三，第 291 页。
② 《大正藏》卷三二，第 577 页。
③ 《大正藏》卷三二，第 577 页。
④ 《大正藏》卷三二，第 577 页。
⑤ 《大正藏》卷三二，第 577 页。
⑥ 《大正藏》卷三二，第 577 页。

的理解各不相同。唯识宗的“心”是第八识阿赖耶识，“意”是第七识末那识，“识”是前六识：眼识、耳识、鼻识、舌识、身识、意识。《瑜伽师地论》卷六十三称：“此中诸识，皆名心、意、识。若就最胜，阿赖耶识名心，何以故？由此识能集聚一切法种子故。于一切时缘执受境，缘不可知一类器境。末那名意，于一切时执我、我所及我慢等，思量为性。余识名识，谓于境界了别为相。”① 在唯识宗看来，“心”是阿赖耶识，储存着各类种子、根身（人的肉体）、器界（宇宙万有），都是由它变现的。“意”是末那识，妄执阿赖耶识为“我”。“识”为前六识，以了别为性。《成唯识论》卷五的解释和《瑜伽师地论》相同。“薄伽梵处处经中说心、意、识三种别义。集起名心，思量名意，了别名识，是三别义。如是三义，虽通八识，而随胜显。第八名心，集诸法种起诸法故；第七名意，缘藏识等，恒审思量为我等故；余六名识，于六别境，粗动间断，了别转故。”②

《大乘起信论》对心、意、识的解释如下：“复次，生灭因缘者，所谓众生依心、意、意识转故。此义云何？以依阿梨耶识，说有无明。不觉而起，能见能现，现取境界，起念相续，故说为意。此意说有五种名……复次，言意识者，即此相续识，依诸凡夫，取着转深，计我我所，种种忘执，随事攀缘，分别六尘，名为六识，亦名分离识，又复说名分别事识。”③ 对于“心”和“识”的解释，《起信论》和唯识宗相同，对于“意”的解释，《起信论》不同于唯识宗。唯识宗的“意”是第七识末那识，《起信论》的“意”是五意识：业识、转识、现识、智识、相续识。

伪造《大乘起信论》的目的是为了调和地、摄两派的矛盾，地论师南道派主张阿赖耶识是净识，如来藏与阿赖耶识同体，摄论师主张阿赖耶识是染污识，除第八识之外还有第九识阿摩罗

① 《大正藏》卷三〇，第651页。
② 《大正藏》卷三一，第24页。
③ 《大正藏》卷三二，第577页。

识，如来藏与阿赖耶识异体，《大乘起信论》主张如来藏与阿赖耶识非一非异。它把“一心”阿赖耶识分为二门：心真如门和心生灭门。什么是“心真如门”呢？《大乘起信论》解释说：“心真如者，即是一法界大总相法门体，所谓心性不生不灭，一切诸法唯依妄念而有差别，若离心念，则无一切境界之相，是故一切法从本以来，离言说相，离名字相，离心缘相，毕竟平等，无有变异，不可破坏，唯是一心，故名真如。”① 什么是“心生灭门”呢？《大乘起信论》解释说：“心生灭者，依如来藏故有生灭心。所谓不生不灭与生灭和合，非一非异，名为阿梨耶识。”②

“心真如门”又分空、不空二义。“所言空者，从本以来一切染法不相应故，谓离一切法差别之相，以无虚妄心念故。”③ 在《大乘起信论》看来，所谓“空”，是说由于没有妄心，就没有世间一切事物的差别之相。反之，世间森罗万象的一切事物都是由妄心产生的，都是虚幻不实的。这显然是大乘空宗理论。“二者如实不空，以有自体具足无漏性功德故。”这显然是大乘有宗观点。“心真如门”的空、不空二义融合了大乘空、有两宗观点。这正如新罗僧元晓（公元617—？）在其《大乘起信论别记》所说的“是谓诸论之祖宗，群诤之评主也”④。意思是说：《大乘起信论》融合了空宗的《中论》《十二门论》和有宗的《瑜伽师地论》《摄大乘论》的观点，平息了空、有两宗的诤论。

《大乘起信论》又将其“心生灭门”分为觉、不觉二义，“所言觉义者，谓心体离念。离念相者，等虚空界，无所不遍。法界一相，即是如来平等法身”⑤。“觉”就是法界、法身，相当于地论师的第八识净识，亦称佛性识。

“所言不觉义者，谓不如实知真如法一故，不觉心起而有其

---

① 《大正藏》卷三二，第576页。
② 《大正藏》卷三二，第576页。
③ 《大正藏》卷三二，第576页。
④ 《大正藏》卷四四，第226页。
⑤ 《大正藏》卷三二，第576页。

念，念无自相。”① “不觉”是由无明引起的，无明分为两种：根本无明和枝末无明。根本无明即三细：（1）无明业相，因不觉而产生的心理活动称之为“业”；（2）能见相，由心理活动而产生的见解；（3）境界相，由于“错误”的见解而认为虚妄境界为实有。枝末无明称为六粗：（1）智相，因认为外境实有，就产生了爱与不爱的情感；（2）相续，由于爱与不爱的分别，就产生了苦、乐感受，相应不断；（3）执取相，由于产生了苦、乐感受，于“乐”起追求情感，于“苦”生厌恶情感；（4）计名字相，因妄执外境实有，就对外境安立名相；（5）起业相，依据外境名相，执着追求，产生各种动作，此称为“业”；（6）业系苦相，依业因而受果报，使之不得自由。一切染法都是由“不觉”引起的，所以“不觉”相当于摄论师的第八染污识。《大乘起信论》以觉、不觉二义融合了地、摄两派关于第八识阿赖耶识的观点。

《大乘起信论》的“三身”说亦对地、摄两派起调和作用。地论师的“三身”是：法身、报身、应身。法身即法性或真如本体，“显法成身、名为法身”②，所以法身无相；报身以法身为因，是佛为度十地菩萨而现之身，所以报身不来人间；应身，是佛为度脱众生而显现之肉身，只有应身在人间。慧远（公元523—592年）的《大乘义章》把地论师的这种“三身”论概括为“开真合应”，“开真合应以说三者，如上所列，真中分二，法之与报，应以为一。故说三种”，“三佛皆用真诚为体，真诚之心，本隐今显，说为法身，即此真心”③。可见所谓“真”就是真心，也就是法身。“开真”即将法身开为两种：法身、报身，法身和报身的本体是一个，从意义上分为两种。《大乘义章》卷十九解释说：“体一随义以分，真心之体，本隐今显，说为法佛。此真心体，为缘熏发诸功德生，方名报佛。法佛如金，

① 《大正藏》卷三二，第577页。

② 慧远：《大乘义章》卷第十九《三佛义》，《大正藏》卷四四，第837页。

③ 慧远：《大乘义章》卷第十九《三佛义》，《大正藏》卷四四，第839页。

报佛如作金庄严具。”[①] 可见法身即真心本体，当法身显其功德时即为报身。法身如金，报身如金作的器具。“合应”意谓法、报二身再合应身，即为佛之三身。

摄论师的“三身”是：自性身、受用身、变化身。自性身相当于法身。《成唯识论》卷十解释说：“谓诸如来真净法界，受用变化平等所依，离相寂然，绝诸戏论，具无边际真常功德，是一切法平等实性，即此自性名为法身，大功德法所依止故。”[②] 可见自性身与法身、法性、法界等同义，是佛之功德所依止的本体，是没有任何染污性的“戏论”[③]。受用身分为二种：自受用身和他受用身。“自受用身”是“恒自受用广大法药”的功德身。“他受用身”是“谓诸如来由平等智示现微妙净功德身。居纯净土为住十地诸菩萨众现大神通，转正法轮，决众疑网，令彼受用大乘法药”[④]。可见“他受用身”是佛为度十地菩萨所现之身。《成唯识论》卷十对变化身解释如下：“变化身，谓诸如来由成事智变现无量随类化身，居净秽土为未登地诸菩萨众二乘异生，称彼机宜现通说法，令各获得诸利乐事。”[⑤] 可见变化身即应身，是佛为度脱地前菩萨、声闻乘、缘觉乘及各类众生所现之身。《大乘义章》称摄论师的“三身”论是“开应合真”。

《大乘起信论》采取地论师的“开真合应”论建立体、相、用三大。《起信论》对“三大”具体解释如下：“一者体大，谓一切法真如平等，不增减故。”[⑥] 所谓“体大”就是真如法性，在圣不增，在凡不减，相当于法身。“二者相大，谓如来藏具足无量功德故。”[⑦] 如来藏与真如同义，如来藏有在缠和出缠两种。在缠如来藏受烦恼的遮覆，出缠如来藏已消除烦恼的遮覆。此指

---

① 慧远：《大乘义章》卷第十九《三佛义》，《大正藏》卷四四，第 838 页。

② 《大正藏》卷三一，第 57 页。

③ 戏论（Prapañca），佛教称不符合佛说教的“无稽之谈”为戏论。

④ 《大正藏》卷三一，第 58 页。

⑤ 《大正藏》卷三一，第 58 页。

⑥ 《大正藏》卷三二，第 575 页。

⑦ 《大正藏》卷三二，第 575 页。

出缠如来藏，相当于报身。“三者用大，能生一切世间、出世间善因果故。”① “用大”是佛教化众生由世间善法到出世间善法。世间善法是按照佛的说教生活，出世间善法是脱离生死轮回的涅槃。“用大”相当于应身。体、相二大是真如所开，用大又相当于应身，故称“开真合应”。

《大乘起信论》在正式论述“三身”论时采取摄论师的“开应合真”论，它把佛身分为法、报、应三身，法身即真如法性，把法身之用分为二种：“一者分别事识，凡夫二乘心所见者，名为应身……二者依于业识，谓诸菩萨从初发意，乃至菩萨究竟地心所者名为报身。”②

《大乘起信论》把地论师的“开真合应”论和摄论师的“开应合真”论融为一体。

三、《大乘起信论》思想对中国佛教的影响

《大乘起信论》虽然是伪造的，但对中国佛教发生了广泛而又深刻的影响，对天台宗、华严宗、禅宗的影响尤为显著。

天台宗的“真如缘起论”渊源于《大乘起信论》的“如来藏缘起论”。《法华玄义》卷二所说的“世界无别法，唯是一心作”③ 是对“真如缘起论”的高度概括，意思是说：宇宙万有都是“心”变现的，除此之外，世界上不存在任何东西。这里所说的“心”不是一般意义的“心”，而是“真如”。

天台宗的实际创始人智顗（公元538—597年）对“真如”是这样解释的：“其一法者，所谓‘实相’：实相之相，无相不相。又此实相，诸佛得法，故称‘妙有’；实相非二边之有，故名‘毕竟空’；空理湛然，非一非异，故名‘如如’；实相寂灭，故名‘涅槃’；觉了不改，故名‘虚空’；佛性多所含受，故名

① 《大正藏》卷三二，第575页。
② 《大正藏》卷三二，第579页。
③ 《大正藏》卷三三，第693页。

‘如来藏’……”[1] 此处“如如”即指真如。真如有很多异名，其中之一就是如来藏。所以“真如缘起”与“如来藏缘起”同义。

天台宗从“真如缘起论”引导出“一念三千”的理论。所谓“三千”是这样计算出来的：天、人、阿修罗、地狱、饿鬼、傍生（畜生）、声闻、缘觉、菩萨、佛这十法界的每一法界都各具十法界，十十成百；每一法界各具十如是：相如是、性如是、体如是、力如是、作如是、因如是、缘如是、果如是、报如是、本末究竟等如是，十百成千；每千具众生、国土、五蕴三种世间，即成三千。所有的这“三千”都在一念心之中，其心即真如，也就是如来藏。

天台宗三祖慧思（公元515—577年）的《大乘止观法门》从始至终阐述《起信论》思想。慧思认为，宇宙万有都是“心”变现的，《大乘止观法门》卷一称：“一切诸法依此心有，以心为体”，“此心即是自性清净心，又名真如，亦名佛性，复名法身，又称如来藏，亦号法界，复名法性”。[2] 所以，天台宗所说的“心生万物”论，就是“真如缘起”论，与《大乘起信论》的“如来藏缘起”论是一致的，在此本书引用了《大乘起信论》的一段话：“一切诸法，从本以来离言说相，离名字相，离心缘相，毕竟平等，无有变异，不可破坏，唯是一心，故名真如。”[3]

《大乘起信论》把如来藏分为心真如门和心生灭门，《大乘止观法门》也有类似的论述。卷二称：“所言一切凡圣唯以一心为体者，此心就体相论之，有其二种：一者真如平等心，此是体也，即是一切凡圣平等法身；二者阿梨耶识，即是相也。就此阿梨耶识中复有二种：一者清净分依他性，亦名清净和合识，即是一切圣人体也。二者染污分依他性，亦名染污和合识，即是一切

---

① 《法华玄义》卷八，《大正藏》卷三三，第783页。

② 《大正藏》卷四六，第642页。

③ 《大正藏》卷四六，第642页。

众生体。”①

《大乘起信论》的心真如门有空、不空二义，《大乘止观法门》的如来藏亦有空和不空二义。“初明空如来藏，何故名为空耶？以此心性虽复缘起建立生死涅槃违顺等法，而复心体平等妙绝染净之相，非直心体自性平等所起，染净等法亦复性自非有”，“次明不空如来藏者，就中有二种差别：一明具染净二法以明不空，二明藏体以释有。”②

《大乘起信论》的心生灭门有觉、不觉二义，《大乘止观法门》也有类似的论述。本书在讲止观法门时，多处引用《起信论》的话：“是故论言，以依本觉故有不觉，依不觉故而有妄心，能知名义为说本觉，故得始觉即用本觉”，“是故论云，不生不灭与生灭合说名阿赖耶识。即本识也”，“是故论云，阿梨耶识有二分：一者觉，二者不觉，觉即是净心，不觉即是无明”。③

以后的天台宗论师，如四祖智𫖮（公元538—597年）、九祖湛然（公元711—782年）以及宋代的知礼（公元960—1028年）等，都不同程度地受到《起信论》的影响。湛然的“不变随缘”论直接受到《大乘起信论》的影响。所谓“不变随缘”的意思是说：真如之体是永恒“不变”的，但“随缘”（由于各种条件）而变幻世间万物。《金刚碑》称：“万法是真如，由不变故；真如是万法，由随缘故。”④ 所以，“不变随缘”的实质就是“真如缘起”论，渊源于《大乘起信论》的“如来藏缘起”论。

《大乘起信论》对华严宗的影响更为明显，华严宗的实际创始人法藏（公元643—712年）曾著《大乘起信论义记》三卷和《大乘起信论义记别记》一卷，弘扬《起信论》思想。

① 《大正藏》卷四六，第652页。
② 《大乘止观法门》卷三，《大正藏》卷四六，第653页。
③ 《大乘止观法门》卷三，《大正藏》卷四六，第653页。
④ 《大正藏》卷四六，第782页。

华严宗直接继承了《起信论》的“法界缘起论”，《华严策略》对“法界缘起”是这样解释的：“法界者，是总相也，包理包事及无障碍；缘起者，称体之大用也。”① “法界”就是一心，是万事万物的总相，既包括事物之理，又包括事物的现象。所谓“缘起”是指法界真如的功能，世界上森罗万象的事物都是由法界产生的，视“法界”为世界的本源。

华严宗又将“法界”进一步区分为四法界：事法界、理法界、理事无碍法界、事事无碍法界。华严宗四祖澄观（公元738—839年）在其著作《华严法界玄镜》卷上对四法界是这样解释的：“然事法名界，界则分义，无尽差别之分齐故。理法名界，界即性义，无尽事理同一性故。无碍法界，具性、分义，不坏事、理而无碍故。第四法界，亦具二义，性融于事，重重无尽故。”② “事法界”是众生所见森罗万象的物质世界。“分齐”是界限的意思。在众生看来，人世间存在着各色各样的事物。华严宗认为，世间的一切都是虚假的，都是“法界”变现的幻有，但俗人“误”以为真。理法界的“界”字是“性”义，“性”是事物的共性。华严宗认为，事物的共性是“空”。世界上除法界以外，什么都没有。理事无碍法界既具有“分”义，又有“性”义，“理”与“事”互相彻入，“事”体现“理”，“理”融于“事”，“理”与“事”互相融合而不妨碍。事事无碍法界是佛智所达到的最高境界，亦具性、分二义。俗人认为事与事之间互相阻碍。佛教认为“空”之理性彻入每一“事”中，每一事物都体现了真空实理之性。所以事与事互相反映，甲即是乙，乙即是甲，并互相彻入，溶融无间，不相阻碍。

华严宗还从“法界缘起”引导出“十玄门”的理论。“十玄门”又称为“十玄缘起”。首先提出这一理论的是华严宗二祖智严（公元602—668年），法藏最终完成了这一理论体系。智严的“十玄门”称为古十玄，法藏的“十玄门”称为新十玄。“十

① 《大正藏》卷三六，第702页。

② 《大正藏》卷四五，第253页。

玄门”是解释“事事无碍”道理的。（1）同时具足相应门，佛教虽具各种法门，但缘起是万事万物的自性。同时具足各种条件（缘），圆满相应，使之显现。（2）一多相容不同门，佛教的各种法门，其中的任何一种都可以含摄其他的一切。（3）诸法相即自在门，每一种事物都是由于“缘起”而假有，个别事物如此，一切事物亦如此，所以“一即一切，一切即一”。（4）因陀罗网境界门，因陀罗是印度神话中的天老爷，其网结有无数宝珠，犹如佛的各种教法，互相映现。（5）微细相容安立门，事物无论如何微细，都体现了“法界缘起”的道理。（6）秘密隐显俱成门，有的事物处于隐蔽状态，有的事物处于显现状态。（7）诸藏纯杂俱德门，“纯”是行同一法门，“杂”是行多种法门，不管是“纯”，还是“杂”，都可以自在具足。（8）十世隔法异成门，过去、现在、未来三世各具过、现、未三世而成九世，九世在一念心之中，九世与一念合成十世。“隔世异成”意谓隔世感异果。（9）唯心回转善成门，一切事物都是如来藏真心变现的。（10）托事显法生解门，依靠不同的事物显示“法界缘起”的道理。

华严宗五祖宗密（公元780—841年）的《原人论》和《禅源诸诠集都序》受《大乘起信论》的影响，尤为显著。

《原人论》在论述“空”的时候，引用了《大乘起信论》的话：“《起信论》云：一切诸法唯依妄念而有差别。若离心念，即无一切境界之相。”① 《原人论》还继承了《大乘起信论》的“本觉”理论，“说一切有情皆有本觉真心，无始以来常住清净，昭昭不昧，了了常知，亦名佛性，亦名如来藏。从无始际，妄相翳之不自觉知”②。《原人论》对如来藏的论述也类似于《大乘起信论》，“谓初唯一真灵性，不生不灭，不增不减，不变不易，众生无始迷睡不自觉知，由隐覆故名如来藏。依如来藏故有生灭心相，所谓不生灭真心与生灭妄相和合，非一非异，名为阿赖耶

① 《大正藏》卷四五，第710页。

② 《大正藏》卷四五，第710页。

识。此识有觉不觉二义”①。

《禅源诸诠集都序》亦主张“如来藏缘起”，这和《大乘起信论》是一致的，它对“如来藏”是这样论述的：“况此真性，非唯是禅门之源，亦是万法之源，故名法性，亦是众生迷悟之源，故名如来藏藏识，亦是诸佛万德之源，故名佛性，亦是菩萨万行之源，故名心地。”本书对“如来藏”的论述同于《大乘起信论》，既有清净的内容，又有染污的内容。《大乘起信论》把“如来藏”区分为心真如、心生灭二门，本书亦如此：“又虽随缘而不失自性，故常非虚妄，常无变异，不可破坏，唯是一心，遂名真如。故此一心常具真如、生灭二门，未曾暂缺。”②《大乘起信论》的心真如门有空、不空二义，心生灭门有觉、不觉二义。本论也有类似的论述：“故此一心法尔有真、妄二义，二义复各二义，故常具真如、生灭二门，各二义者，真有不变、随缘二义，妄有体空、成事二义，谓由真不变故妄体空为真如门。由真随缘故妄成事为生灭门。以生灭即真如，故诸经说，无佛无众生，本来涅槃常寂灭相。又以真如即生灭故，经云：法身流转五道，名曰众生，既知迷悟凡圣在生灭门，今于此门具彰凡圣二相，即真妄和合，非一非异，名为阿赖耶识。此识在凡本来常有觉与不觉二义。觉是三乘贤圣之本，不觉是六道凡夫之本。”③

《大乘起信论》对禅宗也很有影响，相传禅宗自初祖达摩到四祖道信以《楞伽经》“印心”，五祖弘忍以后改为《金刚经》“印心”。实际并非如此，六祖慧能所主张的“真如缘起”亦可追溯至《楞伽经》。可见《楞伽经》对禅宗影响之大。《大乘起信论》又是根据《楞伽经》的指导思想而伪造，具体阐述并发展了《楞伽经》思想。禅宗和《大乘起信论》同出一源，其思想互相融通，是很自然的事情。《大乘起信论》的产生时代早于

---

① 《大正藏》卷四八，第399页。

② 《大正藏》卷四八，第399页。

③ 《大正藏》卷四八，第409页。

禅宗，[1] 禅宗受其影响也是顺理成章的问题。

五祖弘忍（公元610—674年）的《最上乘论》提出以一乘为宗，一乘即一心，也就是《大乘起信论》所讲的心真如门。

六祖慧能（公元638—713年）在大庾岭对陈惠顺讲的一段话，集中反映了慧能的禅宗主张："自识本心，自见本性。"所谓"本心""本性"就是《大乘起信论》所说的"本觉"。慧能所说的"真如是念之体，念是真如之用"，相当于《大乘起信论》的心真如门和心生灭门。慧能的"无念为宗"渊源于《大乘起信论》的"若能观察知心无念，即能随顺入真如门"。所谓"无念"即无妄念。慧能还特别强调了除迷显净心的理论："人性本净，为妄念故，盖复真如……""菩提般若之智，世人本自有之，即缘心迷，不能自悟……""自性常清净，日月常明，只为云覆盖，上明下暗，不能了见日月星辰，忽遇惠风吹散卷尽云雾，万象森罗，一时皆现。世人性净，犹如青天，惠如日，智如月，智惠常明，于外着境，妄念孚云盖覆，自性不能明。故遇善知识开真法，吹却迷妄，内外明彻，于自性中，万法皆见。一切法自在性，名为清净法身。"慧能这种主张和《大乘起信论》的除无明显真如是一致的。

在修行方法上慧能还继承了《大乘起信论》的"一行三昧"，但其解释与《大乘起信论》不同，《大乘起信论》是这样解释的："依此三昧证法界相。知一切如来法身与一切众生身平等无二，皆是一相，是故说名三昧，若修此三昧，能生无量三昧，以真如是一切三昧根本处故。"意思是说：依靠三昧（Samādhi，禅）可以认识到法界的真实相状。诸佛法身（真如）和众生身是一样的，因为众生身同样存有真如（亦称法界）。有了这种认识，就叫做"一行三昧"。真如是三昧的根本，因为"一行三昧"的最终目的是认识真如实相。《坛经》对"一行三昧"是这样解释的："一行三昧者，于一切时中，行、住、坐、

---

① 据吕澂先生的《起信与禅——对于大乘起信论来历的探讨》一文，《起信论》的成书年代上限为公元513年，下限为公元592年。

卧、常行直心是真……莫心行谄曲，口说法直。口说一行三昧，不行直心，非佛弟子。但行直心，于一切法，无有执着，名一行三昧。迷人着法相，执一行三昧，直言坐不动，除妄不起心，即是一行三昧。”慧能在这里所说的“直心”是一般意义上的正直之心，也就是佛教所讲的真如、法性、法界等。慧能认为不起妄念，不起执着，就是一行三昧。这种解释和传统解释是不一样的。《文殊师利所说摩诃般若波罗蜜经》卷下称：“文殊师利言：‘世尊！云何名一行三昧？’佛言：‘法界一相，系缘法界，是名一行三昧。’”① 契嵩著《六祖大师法宝坛经赞》认为一行三昧者，就是法界一相。由此可见，认识法界真相的禅定就是一行三昧。

禅宗北宗创始人神秀（约公元 606—706 年）的“五方便门”② 的第一门是“离念门”，所谓“离念”就是离妄念，恢复到《大乘起信论》的心真如门，即本觉。

参考资料

1. 高振农：《大乘起信论校释》的《序言》。

2. ［日］佐佐木教悟等著，杨曾文、姚长寿译：《印度佛教史概说》第九章《印度教的形成和大乘佛教》。

3. 梁启超：《大乘起信论考证》。

4. 吕澂：《起信与禅》。

5. 印顺：《起信评议》。

思考题

1. 您认为《大乘起信论》是真，还是伪？为什么？

2. 试论《大乘起信论》对中国佛教的影响。

3. 《大乘起信论》的唯识理论有哪些特点？

---

① 《大正藏》卷八，第 731 页。

② 五方便门如下：(1) 离念门，(2) 开智慧门，(3) 显示不思议解脱门，(4) 明诸法正性门，(5) 了无异自然无碍解脱门。

第九章　第一个大乘佛教学派——中观

到公元3世纪，印度大乘佛教出现第一个学派——中观学派（Mādhyamika），因为这一学派十分强调“空”，所以又被称为大乘空宗。

大乘空宗主要弘扬《般若经》的思想。《般若经》全称《大般若波罗蜜多经》（Mahāprajñā-pāramitāsūtra），“般若”（Prajñā）是伟大的佛教智慧。波罗蜜多（Pāramitā）意谓到达涅槃彼岸。所以“般若波罗蜜多”的意思是：通过伟大的佛教智慧，到达涅槃彼岸。

《大般若经》共600卷，唐玄奘译于显庆五年（公元660年）至龙朔三年（公元663年）。按照佛说法的处所分为四处：王舍城的鹫峰山、给孤独园、他化自在天王宫、王舍城竹林精舍。四处相当于四集。又分为16会共275分，“会”相当于编，“分”相当于章。其中第一、二、五、十一、十二、十三、十四、十五、十六会，共481卷，是玄奘的新译，其余的都是重译。例如：第401卷至478卷的第二回，相当于西晋无罗叉、竺叔兰翻译的《放光般若经》、竺法护翻译的《光赞般若经》、后秦鸠摩罗什翻译的《摩诃般若经》，第538卷至555卷的第四会，相当于东汉末支娄迦谶翻译的《道行般若经》，即《般若道行品经》，也相当于三国吴支谦翻译的《大明变无极经》、鸠摩罗什翻译的《小品般若经》，第577卷的第九会，相当于鸠摩罗什翻译的和北魏菩提流支翻译的《金刚般若经》。据吕澂先生考证，《金刚经》不仅相当于《大般若经》的第九会，而是概括了《大般若经》的全部主要内容。即认为万事万物都是因缘和合而成，都是虚假的，都是幻有，皆非真实，所以都是空。260个字的《心经》是600卷《大般若经》的核心，以般若智慧认识到色、受、想、行、识五蕴皆空，这就破除了世俗人的错误认识，消除了世俗人的烦恼。《心经》的“空”即色空，不像小乘佛教所说的析法空，正如《心经》所说的：“色不异空，空不异色，色即是空，空即是色，受、想、行、识，亦复如是。”

第一节　中观派的传承体系

中观学派的创始人是龙树（Nāgārjuna），又称为龙胜、龙猛，音译那伽阿顺那，华严宗创始人法藏（公元643—712年）著《十二门论宗致义记》对这个名字进行过考察，那伽（Nāga）译为龙，这是大家公认的，阿顺那（Arjuna）玄奘译为猛，法藏问过唐朝来华的印度僧人大原，据说印度传说古代有位猛士叫阿顺那，所以玄奘译为龙猛。还有另外一种解释：印度有树名阿顺那，因为在这种树下生，所以译为龙树。相传为马鸣弟子迦毗摩罗尊者之弟子，有鸠摩罗什翻译的《龙树菩萨传》流行于世，但神话色彩太浓。

龙树的生活年代大约是公元3世纪，出身于南印度婆罗门种姓，自幼聪明过人，在乳哺之中就诵读四《吠陀》[①] 各四万偈，每偈三十二字，都能通达其义。年幼时即已著名，通晓天文、地

① 四吠陀，吠陀是梵文Veda的音译，婆罗门教最古的经典文献，约成书于公元前2000—前1000年，最古的《吠陀》本集有四部：《梨俱吠陀》《夜柔吠陀》《娑摩吠陀》《阿闼婆吠陀》。

理、图纬秘谶及种种道术和世间艺能。

后来因为认识到贪欲是痛苦的根本，是各种祸患的根源，所以出家为僧，最初学小乘佛教，九十日中诵三藏尽。为了寻求佛经而入雪山，在一座塔的老比丘处得到很多大乘经典。对龙树思想影响较大的有九部经：《八千般若颂》《法华经》《普曜经》《楞伽经》《华严经》《一切如来金刚三业最上秘密大教王经》《月灯三昧经》《金光明经》《十地经》等。

经过学习以后，龙树走出南印度，来到中印度弘扬大乘佛法，多次与外道辩论获胜。晚年又回到南印度，憍萨罗引正王原信仰婆罗门教，后经龙树教化而改信佛教。龙树得到引正王的多方护持，这位国王在黑峰山建伽兰供养龙树，此间龙树收提婆为弟子。龙树施好药使引正王数百岁不死，王子无法继承王位，故设法加害龙树，要求龙树把头施舍给自己，因此龙树自刎身亡，死于龙树山。

龙树是印度大乘佛教中观学派的创始人，是佛教史上很有影响的重要人物，被中国佛教徒称为八宗祖师，著作甚丰，号称“千部论主”，日本的《大正藏》收有二十多部，我国藏文《大藏经》收有一百多部，但经学者们研究，很多是伪作，假托龙树之名，确属龙树著作的，只有十三部：①

1. 《中论》，四卷，姚秦鸠摩罗什译于弘始十一年（公元409年）。

2. 《十二门论》，一卷，姚秦鸠摩罗什译于弘始十一年（公元409年）。

3. 《回诤论》，一卷，元魏毗目智仙译于兴和三年（公元五四一年）。

4. 《七十空性论》，原来只有藏译本，近年已由法尊译为汉文。

5. 《六十颂如理论》，一卷，现存藏、汉两个译本，汉译本

① 见兰吉富著《汉译本中论初探》，载于张曼涛主编《现代佛教学术丛刊》第四十八集。

由宋施护译于景德四年（公元1007年）。

6. 《广破经广破论》，仅存藏译本。

7. 《大智度论》，一百卷，姚秦鸠摩罗什译于弘始四年至七年（公元402—405年）。

8. 《十住毗婆沙论》，十四卷，姚秦鸠摩罗什译。

9. 《大乘二十颂论》，一卷，宋施护译于大中祥符元年（公元1008年）。

10. 《因缘心论颂释》，一卷，现存藏、汉两个译本，汉译本在敦煌发现。

11. 《菩提资粮论》，六卷，隋达摩笈多译于大业五年（公元609年）。

12. 《宝行王正论》，一卷，现存梵、藏、汉三种版本，汉译本由陈真谛译。

13. 《龙树菩萨劝诫王颂》，一卷，唐义净译。

“提婆”是梵文Deva的音译，意译为“天”。全称“阿梨耶提婆”（Āryadeva）或“迦那提婆”（Kānadeva）。阿梨耶提婆意译为圣天，因为提婆具有圣人的品德和智慧。迦那提婆意思是一只眼的提婆，因为他的一只眼睛施舍给天神或授予一女。

提婆是南印度人，属婆罗门种姓，知识渊博，以善辩著称。当龙树在憍萨罗国吉祥山的时候，他找龙树辩论。龙树让弟子端一钵水给提婆看，提婆在水中投下一针。龙树的一钵水表明其智慧圆满无缺，提婆投下一针，表明一针见底。龙树见他聪明过人，将他收为弟子。

提婆能言善辩，玄奘著《大唐西域记》卷五讲了这样一个故事：有一位善辩博学的婆罗门，听说提婆善辩，想挫败其锐气，就问：“你是谁？”提婆答：“我是天。”外道问：“天是谁？”提婆答：“天是我。”外道问：“我是谁？”提婆答：“你是狗。”外道问：“狗是谁？”提婆答：“狗是你。”外道问：“你是谁？”提婆答：“我是天。”如是循环，外道方悟，深加佩服。中印度摩揭陀首都波吒厘城，原为佛教盛行之地，但是后来佛教衰退，外道横行，此时提婆挺身而出，与外道辩论。在首都立三论："一切诸圣中，佛圣人最第一，一切诸法中，佛法正第一；一切救世中，佛僧为第一。"[①] 提婆认为：佛在一切圣人当中占第一名，佛法在一切教法中占第一位，在一切救世的组织当中，佛教僧团占第一位。提婆以此得出这样一个结论：佛教的佛、法、僧三宝，分别在自己的领域中名列第一。提婆还发誓说：谁要是能辩败他，他就斩头相谢。外道提出：如果输给提婆，也要斩头。提婆说："佛教是讲慈悲的，不杀生，怎能叫你们杀头呢？如果你们输了，只要皈依佛教就是了。"被提婆辩败的外道纷纷落发为僧，王家每天要送十车衣钵来，仅三个月时间，提婆就度一百多万人。

提婆最后死于外道之手，因为提婆与外道辩论，一再获胜，有一外道弟子怀恨在心，持刀找到提婆，说："汝昔曾以智伏吾师，我于今日刀破汝腹。"[②] 说完，把提婆的肚子切开，五脏都流撒在地。提婆对这个人不仅不痛恨，反而把自己最心爱的衣钵赠给他，并劝他赶快逃跑，以免被其弟子杀害。那个人刚走不久，提婆的弟子们果真赶来，见到师父这般模样，失声痛哭，要追赶那个人。提婆对弟子们说："诸法本空，无我我所，无有能害，亦无受者。"[③] 说完就死了。这几句话是提婆的临终遗言，是最能代表他思想的话。世上无我、无我所、无能害者，也无受害者，这是中观空论的具体应用。

提婆的主要著作是《百论》《百字论》和《四百论》。

提婆以后，印度的大乘空宗分为两支：一支是罗睺罗系，一支是龙友系。龙友系的著名论师有佛护、清辨、月称等。公元8世纪中叶，清辨系的大乘空宗经寂护传入我国西藏。

清辨系的智光曾在那烂陀寺和玄奘的老师戒贤辩论。戒贤立三时教：佛教的第一时期是小乘佛教，主要特点是讲"有"；第

---

① 见《提婆菩萨传》，《大正藏》卷五〇，第187页。

② 《付法藏因缘传》卷六，《大正藏》卷五〇，第319页。

③ 《付法藏因缘传》卷六，《大正藏》卷五〇，第319页。

二时期是大乘空宗，主要特点是讲“空”；第三时期是大乘有宗，主要特点是讲非空非有的中道。智光也立三时教：第一时期是释迦牟尼佛在鹿野苑初转法轮，为小根器的人讲小乘佛教，说“心境俱有”，“心”是主观意识，“境”是外境，即客观事物。第二时期为中根器的人讲大乘有宗，讲境空心有。第三时期为上根人讲大乘空宗，讲心境俱空。

智光的大乘空宗思想由华严宗继承。三论宗继承的是罗睺罗系的大乘空宗思想。罗睺罗是释迦牟尼故乡迦毗罗卫净德之子。吉藏的《中观论疏》卷三称：“罗睺罗法师，是龙树同时人，释八不乃作常、乐、我、净四德明之。”① 吉藏推罗睺罗为三论宗三祖。罗睺罗传给青目（Pingala，音译宾伽罗，约 3 世纪人），他属婆罗门种姓，曾为《中论》颂作注。由青目传给龟兹莎车王子须利耶苏摩，然后传给鸠摩罗什。

第二节　中观派的主要著作

中观派的主要著作是龙树的《中论》《十二门论》及其弟子提婆的《百论》。

“中论”是略称，全称“中观论”。三论宗创始人吉藏（公元 549—623 年）所著《三论玄义》对“中”字进行过详细解释，“中”即中道，中道以诸法实相为其意义，以佛教正法为其意义。佛教正法远离一切语言所表达的意思，也远离一切往生的生死世界和无转生的涅槃境界，所以一切事物的实相是“空”，是远离一切偏斜的中道，这种中道实理是言忘虑绝的，无法用俗人的语言名称对此进行表达，一切事物的实相是非中非不中，为了对众生进行教诲，勉强安个名称叫做“中”。因中而有偏，因偏而有中，中和偏相待而成立，互为因缘，所以说偏是为了让人们理解中，说中是为了让人们认识偏。正如说俗谛是为了让人们认

① 《大正藏》卷四十二，第 40 页。

识真谛，说真谛是为了让人们认识俗谛。

《大乘玄论》卷五对观、论二字进行了详细解释，所谓“观”就是直接观辨于心，“论”就是宣说于口。由于中道实相而生正确观点，对这些正确观点进行宣讲就是“论”。《大乘玄论》卷五认为：中、观、论三字无定，也可以称为《观中论》或《论中观》。正确的观点智慧能够认识中道实理，把这种中道实理宣讲出来就是“论”，这就是《观中论》。“论”只能论述中道实理的正确观点，这就是《论中观》。《大乘玄论》卷五对正观解释如下：“我观如来，前际不来，后际不去，中亦不住，如此观者，名为正观。”① 所以中道实理就是正观。“论”以论辩为其意义，意思是把道理讲彻底，如果不把正确观点讲清楚讲彻底，就会产生各种邪见，使人忧虑重重。因为“中”就是“正”，所以《中观论》又可以称为《正观论》。

关于中、观、论三个字的关系，“中”是根本，因为中道实相而生正确的观点智慧，这就是“观”，对这些正确的观点智慧进行宣讲就是“论”。吉藏认为这三个字有两种次第：佛和菩萨对众生进行教化的次第是《中观论》，众生接受佛和菩萨教诲的次第是《论中观》。当佛和菩萨对众生进行教化的时候，因为中道是三世十方诸佛和菩萨所走的道路，所以首先说“中”；由中道而生佛和菩萨的正确观点，所以然后说“观”；佛和菩萨把这些正确观点讲出来就是“论”，所以最后讲“论”。当众生接受佛和菩萨教化的时候，众生因为“论”而认识中道，因中道而生正观。

佛和菩萨都有自行、化他二德，自行即自己的觉悟，化他是使他人觉悟，由中道实相而生正观，这就是自行。“论”是化他，佛和菩萨对众生进行教化，必须具备三个条件：中道实相之理、由中道实相之理而生的正观、由正观而宣讲“论”。中道实相是境，正观是智慧，如论而行就是观，如行而说就是论，所以立中、观、论三个字。

① 北京刻经处本，卷五，第48页。

要讲这三个字的相同点，三个字都可以称为“中”，都可以称为“观”，都可以称为“论”。为什么都可以称为“中”呢？因为中道实理不偏不倚，所以这种道理称为“中”。因为中道实理而生正观，这种正观不偏不倚，也可以称为“中”。由于中道和正观而宣讲“论”，这种“论”也是不偏不倚的，也可以称为“中”。

为什么都可以称为“观”呢？因为“中”是万事万物真实意义的相状，“观”是认识万物实相的智慧，“论”是事物的假名。这就像三种般若一样，“中”是实相般若，“观”是观照般若，“论”是文字般若。

为什么都可以称为“论”呢？“论”是起主动作用的能论，“中”和“观”是起被动作用的所论，也可以称为“论”。

就这三个字的区别而言，中道实理不偏不倚，所以称为“中”，智慧认识事物不受任何阻碍，所以应当称为“观”，“论”是写成文字的佛教诲。因为“中”与“正”同义，所以《中观论》又可以称为《正观论》。

如果从通论和别论来分，《中论》属于通论，因为《中论》的前二十五品驳斥对大乘佛教的迷惑，阐明大乘教的道理。后二品破斥对小乘教的迷惑，阐明小乘教的道理。最后结尾部分又归结到大乘，所以《中论》不是小乘论，而是大乘论。

除《中论》《中观论》《正观论》以外，《中论》还有以下名称：

1.《中颂》（Mādhyamika-Kārikā）。龙树原著为颂文，现存梵文本是二十七品四四九颂，中译本为二十七品四四五颂。所以人们把龙树原著称为《中颂》。因为本颂是注释的根本，所以《中颂》又称为《根本中颂》（Mūla-mādhyamika-Kārikā）。

2.《般若根》。因为《中论》阐述《般若经》的根本思想，所以《中论》又称为《般若根》。

3.《般若灯论》（Prajañāpradīpa-mula-madhyamika）。此名来源于清辨著《般若灯论释》，慧颐在其序文中曾经指出《般若灯论》的来由，因为无分别智像灯一样有寂照之功。

《中论》的版本主要如下：《碛砂藏》本、《嘉兴藏》本、

《续藏经》本、《大正藏》本、《高丽藏》本、《龙藏》本、《藏要》本。其中《藏要》本最佳，除校对各种汉文本以外，还对校过藏文本和梵文本，准确度最高。

《中论》的疏释主要如下：吉藏的《中观论疏》十卷、清辨著波罗颇迦罗译《般若灯论释》十五卷、安慧著惟净等译《大乘中观释论》九卷、无著著元魏瞿昙般若流支译《顺中论》二卷。除此之外，还有藏文的《顺中论》等。

《十二门论》一卷，是《中论》概要性论书，颂和释都是龙树所作，黄忏华的《三论宗》一文对《十二门论》进行了很好的论述："全论以观十二因缘等十二门构成，依吉藏《论疏》的分析，初《观因缘》等三门，明空门；次《观相》等六门，明无相门；后《观作》等三门，明无作门。由三解脱门成立空性实相之义，为中观入门阶梯。"①

根据吉藏《三论玄义》的分析，《十二门论》是大乘通论，因为这部论始终破斥对大乘教的迷惑，始终阐明大乘教的道理，没有破斥对小乘教的迷惑，没有特别阐明小乘教的道理，所以是大乘通论。

《十二门论》以境智为其宗旨，因为大乘佛教的深义部分就是空，只要通达了这个意思，就懂得了大乘佛教，对于修行六度，就不会有什么障碍了。大乘佛教的深义部分，就是中道实相之境，由实相境产生般若智慧，由于般若智慧，可以使自己的一切智慧得以成就，这就是境智的意思。

《十二门论》的疏释有吉藏疏二卷、略疏一卷、元康疏二卷、法藏疏一卷等。

《百论》是龙树弟子提婆破斥外道的记录，提婆与外道辩论获胜以后，隐居山林，把每天辩论的内容进行整理，三十二字为一偈，五偈为一品，共二十品一百偈，所以称为《百论》。但中译本只有前十品，后十品没译。《百论》正驳外，傍驳内，主要破斥数论、胜论等外道所主张的有我、有自性等理论，在破斥外

---

① 见中国佛教协会编《中国佛教》第一册，第282页。

道的同时，也驳斥了佛教内部的不同派别，如毗昙主张“我空法有”，唯识主张有识等。《百论》主张一切皆空，具体讲则为三空：我空、法空、空空。

《百论》和《中论》《十二门论》虽然都是破邪显正，但侧重点不同，《中论》以真、俗二谛为宗，《十二门论》以境智为宗，《百论》以权、实二智为宗。

就广、略而论，如果从篇幅来讲，《中论》最长，《百论》次之，《十二门论》最略。如果就其内容而论，《百论》最广，《中论》次之，《十二门论》最略。尽管《百论》的篇幅小，文字少，但其内容是通破世、出世间的一切邪执，通申世、出世间的一切正法，所以说《百论》最广。《中论》破大小二谜，申大、小二教，所以说《中论》次之。《十二门论》只破对大乘之谜，申大乘之教，所以是最略。

龙树的《中论》《十二门论》和提婆的《百论》，被中国佛教三论宗所采纳，除三论之外，还有龙树的《大智度论》一百卷，鸠摩罗什译于弘始四年（公元 402 年）至七年（公元 405 年）阴历十二月二十七日，这是《般若经》的释论，原文更详，译时略有删节。

第三节　中观探源

中观理论的核心内容是“空”，《中论》第一偈的“八不”（不生亦不灭，不常亦不断，不一亦不异，不来亦不出），实质就是“空”。“空”论并非中观学派独有，很多佛教派别都讲“空”，但对“空”的理解各不相同，《中论》讲的《空》是缘起自性空，正如《中论》的《观四谛品》所说：“众因缘生法，我说即是空。……未曾有一法，不从因缘生。是故一切法，无不是空者。”[1] 这里的“法”（Dharma）是指世界上森罗万象的事

① 《大正藏》卷三〇，第 33 页。

物。根据《中论》观点，客观世界的一切都是因缘和合的产物，没有一种事物是不依赖于其他事物而独立存在的自性，所以都是空。

要理解中观的“空”论，必须首先弄清两个基本概念：缘起和自性。这“缘起”论正是《阿含经》的主要内容之一，“缘”是指条件，“缘起论”是说任何事物或存在都依赖于一定的条件。条件具备，相应的事物或存在就要产生，有条件就有存在，没有条件，就没有存在。所以，一切现象或存在和条件是不可分离的，如要分离，相应的事物就随之而消灭。《杂阿含经》卷十二对“缘起”是这样解释的：“此有故彼有，此起故彼起。”① 意思是说：具备相应的条件，就有相应的事物；相应条件的适当组合，就有相应的事物产生。

关于“自性”的问题，《壹输卢迦论》是这样解释的：“凡诸法体、性、法、物、事、有，名异义同，是故或言体，或言性，或言法，或言物，或言事，莫不皆是有之差别。正音私婆婆，或译自体体，或译为无法有法，或译为无自性性。”② 意思是说：自性的“性”字和自体的“体”字、无法（“法”为事物）有法的“法”字同义。“自性”是梵文 Svabhāva 的意译，音译私婆婆，意谓“自有”。即不依赖于任何事物而独立存在的实体。无自性就是空。

为了说明“空”的具体含意，《中阿含经》的《大空经》把“空”区分为四种：内空、外空、内外空和不移动。内空是观眼、耳、鼻、舌、身、意六根皆空，外空是观色、声、香、味、触、法六尘皆空，内外空是六根、六尘皆空。由于修习内空、外空、内外空三空，使内心安住不动，这就是不移动。《舍利弗毗昙》卷十六《道品》讲六空：内空、外空、内外空、空空、大空、第一义空。《大毗婆沙论》卷八讲十空：内空、外空、内外空、有为空、无为空、散坏空、本性空、无际空、胜义

① 《大正藏》卷二，第84页。
② 《大正藏》卷三〇，第253页。

空、空空。这里的散坏空是散坏聚相，可以破坏我见和我所见，相当于《杂阿含经》所说的析法空。这里的无际空相当于《阿含经》所说的生死无始、本际不可得。这里的空空被《中论》直接继承，《中论》有一个偈专门说明这个问题："大圣说空法，为离诸见故，若复见有空，诸佛所不化。"[①] 此中"大圣"是指释迦牟尼佛，意谓伟大的圣人。他所说的"空"是为了让人们摆脱各种邪见，如果否定了客观世界，又执着于"空"，像这样的人，一切佛都不能对他们进行教化。

《般若经》讲十六空、十八空或二十空。它讲的二十空很多与上述重复，具体内容如下：（1）内空（Adhyātma-Ś ūnyatā）。（2）外空（Bahirdnā-Śūnyatā）。（3）内外空（Adhyātma-bahirdhā-Śūnyatā）。（4）空空（Ś ūnyatā-Ś ūnyatā）。（5）大空（Manā-Śūnyatā），此中"大"是指十方，即东、西、南、北、上、下、东南、东北、西南、西北。（6）胜义空（Paramārtha-Śūnyatā）。"胜义"即第一义，也就是诸法实相，认识到诸法实相即可达到涅槃，所以说胜义空就意味着涅槃空。（7）有为空（Samskrta-śūnyatā）。有为法是因缘和合的产物，也就是俗人所说实存的客观事物，佛教称之为五蕴、十二人、十八界等。所谓"有为空"就是无生无灭，一切无所有。（8）无为空（Asamskrta-śūnyatā）。无为法是非因缘和合的永恒真理，没有生（产生）、住（持）、异（变化）、灭（毁灭）四大特征。（9）毕竟空（Atyanta-śūnyatā）。意谓一切事物毕竟不可得。（10）无始终空（Anavarāgra-śūnyatā）。一般认为，一切事物都有始、中、终三个发展阶段，"无始终空"并不是否定的否定以达肯定，空宗为了破除人们的执着，不肯定任何东西。"无始终空"意味着"无始终"之意义是不存在的。（11）无散空（Anavakāra-Śūnyatā）。《大般若经》卷四一三称，"散谓有放、有弃、有舍可得，无散谓无放、无弃、无舍

① 《中论》卷二《观行品》，《大正藏》卷三〇，第18页。

可得"[①]。(12)一切法空(Sarvadharma-Śūnyatā)。"一切法"是指五蕴、十二处、十八界、有色、无色、有见、无见、有时、无时、有漏、无漏、有为、无为等。(13)本性空(Prakrti-Śūnyatā)。"本性"是指一切事物的根本特点。(14)自相空(Svalaksana-Śūnyatā)。"自相"是指事物的特殊相状。(15)不可得空(Anupalambha-Śūnyatā)。《大般若经》卷四一三称,"云何不可得空?不可得谓此中求诸法不可得,当知此中不可得由不可得空,非常非坏"[②]。(16)无性自性空(Abhāva-Svabhāva-Śūnyatā)。"无性"即事物的"无","自性"意谓事物的"有""无性自性空"意谓一切事物既不是"无",也不是"有"。(17)有性空(Bhāva-Śūnyatā)。"有性"即有为法。(18)无性空(Abhāva-Śūnyatā)。"无性"即无为法。(19)自性空(Svabhāva-Śūnyatā)。《大般若经》卷四一三称,"云何自性由自性空?谓一切法皆性空,此智非智所作,非见所作,亦非余所作,是自性由自性空"[③]。(20)他性空(Parabhāva-Śūnyatā)。《大般若经》卷四一三称,"云何他性由他性空?谓一切法若佛出世、若不出世、法住、法定、法界、法平等性、法离生性、真如、不虚妄性、不变异性、实际,皆由他性故空,是谓他性由他性空也"[④]。意思是说,不管佛出世还是不出世,法性、法界等永恒真理仍然是存在的,因为佛的出世还是不出世,仅是指佛的化身,化身是短暂的,法身是永恒的。

空宗经典对空论还有其他的分类方法,如《放光般若经》卷二区分为六空,卷一区分为十四空,《仁王般若经》区分为十二空,《光赞经》卷九和《大智度论》卷三十六区分为七空。

《般若经》所讲的"空"都是从《阿含经》继承来的,《中

① 《大正藏》卷七,第73页。
② 《大正藏》卷七,第73页。
③ 《大正藏》卷七,第73页。
④ 《大正藏》卷七,第73页。

论》把这名目繁多的空概括为三空：我空、法空、空空。“我空”是说没有起主宰作用的灵魂，“法空”是说没有一切有为法和无为法，“空空”是说空也不是真实存在。

《中论》所讲的“空”是对一切事物的彻底否定，主要有四句否定：非有、非无、非亦有亦无、非非有非无。它否定事物的本体，又否定其因果关系和变化。不仅否定有为法，也否定无为法，就连佛教的四圣谛、八正道、十二因缘、佛、涅槃等，它都否定。从表面看来，这种彻底否定精神什么都不立。实际上并非如此，破字当头，立在其中。这种彻底否定精神只是破除人们的执着，因为只要有所执着有所追求，都不能成佛，并非真的没有佛，没有涅槃。从俗谛来讲是有，从真谛来讲是空。

《中论》的中道、二谛等基本理论也都来源于《阿含经》和《般若经》，《阿含经》对中道的解释是非苦非乐或非常非断，对真谛的解释是离妄言断妄言。

第四节　中观的主要理论主张

一、代表空论的八不思想

中观学派认为：万事万物都是因缘和合而生，所以是不真实的，是假有。没有与事物名称相对应的实体，所以事物的名称也是假的，是假名。因为一切事物皆无自性，所以都是“空”。表达“空”论最根本的理论基础是“八不”，即《中论》开头的一个偈：“不生亦不灭，不常亦不断，不一亦不异，不来亦不出。”[①] 青目利用问答形式，以谷和芽的比喻，对“八不”进行了通俗的解释：

“万物无生，何以故？世间现见故，世间眼见初谷不生。何以故？离劫初（引者按：即成此世界之初）谷今谷不可得。若

① 见《中论》卷一《观因缘品》，《大正藏》卷三〇，第2页。

离劫初谷有今谷者，则应有生，而实不尔，是故不生。”

问曰：“若不生，则应灭？”答曰：“不灭。何以故？世间现见故，世间眼见初谷不灭。若灭，今不应有谷，而实有谷，是故不灭。”

问曰：“若不灭，则应常？”答曰：“不常。何以故？世间现见故，世间眼见万物不常。如谷生芽时，种则变坏，是故不常。”

问曰：“若不常，则应断？”答曰：“不断。何以故？世间现见故，世间眼见万物不断。如从谷有芽，是故不断，若断，不应相续。”

问曰：“若尔者，万物是一？”答曰：“不一。何以故？世间现见故，世间眼见万物不一。如谷不作芽，芽不作谷。若谷作芽，芽作谷者，应是一，而实不尔，是故不一。”

问曰：“不一，则应异？”答曰：“不异。何以故？世间现见故，世间眼见万物不异。若异者，何故分别谷芽、谷茎、谷叶，不说树芽、树茎、树叶？是故不异。”

问曰：“若不异，应有来？”答曰：“无来。何以故？世间现见故，世间眼见万物不来。如谷子中芽无从来，若来者，芽应从余处来，如鸟栖树，而实不尔，是故不来。”

问曰：“若不来，应有出？”答曰：“不出。何以故？世间现见故，世间眼见万物不出。若有出，应见芽从谷出，如蛇从穴出，而实不尔，是故不出。”①

我国三论宗创始人吉藏，继承了中观学派的哲学传统，继续弘扬“八不”，认为这“八不”是“众教之宗归，群圣之原本”。意思是说：“八不”是佛一切教法的宗旨和最后归宿，是佛、菩萨等一切佛教“圣人”教诫的本源。

三论宗认为：在这“八不”当中，最根本的是“不生”，因为有生必有灭，无生必无灭，只要“不生”能够成立，“不常亦不断”等也很容易成立。基于这种思想，三论宗花费很大的气

① 见《中观论疏》卷二《因缘品》，《大正藏》卷四二，第20页。

力去破生，吉藏在其《中观论疏》卷一说：“以万法皆是因缘，无有自性。以无自性，是故不生。”① 由此可见，三论宗所说的“不生”，是与上述“缘生无性”论紧密相连的，是“缘生无性”论的进一步引申。

《中论》对“不生”是这样解释的：“诸法不自生，亦不从他生，不共不无因，是故知无生。”② 这是说：一切事物既不是由自己而生，也不是由其他事物而生，也不是自己和他物共同而生，也不是由无因而生。由此断言：没生。《中论》的这一主张还是和“缘生无性”论紧密相连的，因为一切事物都是由众因缘和合而成，所以不是自生。“自”与“他”相待而成立，由“自”而有“他”，由“他”而有“自”，自生不能成立，他生也不能成立，自和他共生也不能成立，正如零加零等于零一样。无因而生也不能成立，因为一切事物都是因缘和合而成。《中论》通过这一系列的论证，把“生”否定了，接着又否定灭、常、断、一、异、来、出。

《中论》通过这一系列的否定，最后达到“空”的目的。《中论·观颠倒品》称：“色、声、香、味、触，及法体六种，皆空如炎、梦，如乾闼婆城……犹如幻化人，亦如镜中像。”③ 色、声、香、味、触、法是人的眼、耳、鼻、舌、身、意六种感觉器官所缘的六境或六尘，即客观世界的万事万物。龙树认为客观世界的一切都如阳炎、梦幻、镜中像一样，是虚幻不实的，都是乾闼婆城，即海市蜃楼。

二、中观学派的二谛论

真、俗二谛论也是中观学派的基本理论之一，《中论·观四谛品》称：“诸佛依二谛，为众生说法，一以世俗谛，二第一义

---

① 《大正藏》卷四十二，第6页。
② 《大正藏》卷三〇，第2页。
③ 《大正藏》卷三〇，第31页。

谛。若人不能知，分别于二谛，则于深佛法，不知真实义。”①这是说：所有的佛都依据二谛为众生说法，第一依据世俗谛，第二依据第一义谛（真谛）。如果有人不能分别了解这二谛，对于深奥的佛法，就不知道它的真实含义。《百论·破空品》称："诸佛说法，常依俗谛、第一义谛，是二皆实，非妄语也。”② 这是说：所有的佛演说佛法，往往依据俗谛和第一义谛。俗谛对于俗人来说是真实的，第一义谛对于佛教圣人（佛、菩萨等）来说是真实的。这二谛都是真实之说，并非虚妄言语。《十二门论》第八品《观性门品》称："若人不知二谛，则不知自利、他利、共利。”③ “自利”是使自己觉悟，“他利”是使他人觉悟，“共利”是使自己和其他人都觉悟。佛教认为：修学佛法，不外是自利、他利、共利这三利。如果一个人不知道这二谛，就不知道这三利。

由此可见，《中论》《十二门论》《百论》这三论对真、俗二谛都很重视，吉藏也不例外，他说："十方诸佛，常依二谛说法，故众经莫出二谛。众经既不出二谛，二谛若明，众经皆了也。”④ 这是说：东、南、西、北、上、下、东南、东北、西南、西北十方的一切佛，常常依据二谛演说佛法，一切佛经都不出真、俗二谛，只要明白了二谛，对一切佛经都可明了。因为一切佛经，不是对众生说法，就是对罗汉、菩萨等佛教圣人说法。对众生说法，就是俗谛；对佛教圣人说法，就是真谛。

真谛又称为第一义谛或胜义谛，俗谛又称为世谛或世俗谛。关于二谛的理论，并非中观派独有，很多佛教派别都讲二谛，但对二谛的解释各不相同。《中论·观四谛品》对二谛是这样解释的："世俗谛者，一切法性空，而世间颠倒故，生虚妄法，于世间是实；诸贤圣知其颠倒性故，知一切法皆空无生，于圣人是第

① 《大正藏》卷三〇，第32页。
② 《大正藏》卷三〇，第181页。
③ 《大正藏》卷三〇，第165页。
④ 见《二谛义》卷上，《大正藏》卷四五，第78页。

一义谛。"[①] 这是说：世界上的一切事物，本来是空无自性的，而凡人不认识这种真理，对世间事物作了虚妄颠倒的认识，认为世界上的一切事物都是实有的，这就是俗谛。佛教圣人把这种颠倒认识再颠倒过来，认为世界上的一切事物都是虚妄不实的，是空无自性的，这种认识就叫做第一义谛。俗谛是对俗人讲的，真谛是对佛教圣人讲的。

吉藏还进一步把二谛区分为四重，《大乘玄论》卷一指出："他（引者按：此指其他派别）但以有为世谛，空为真谛。今明：若有、若空，皆是世谛，非有、非空，始明真谛；三者，空、有为二，非空、非有为不二，皆是世谛，非二、非不二，名为真谛；四者，此三种二谛，皆是教门，说此三门，令悟不三，无所依得，始明为理。"[②] 这是说：其他论师仅仅以"有"为俗谛，以"空"为真谛。我们现在要说明，不管是"有"还是"空"，都是俗谛，非有、非空才是真谛；第三，空和有是有区别的，非空、非有是没有区别的，都是俗谛，非二、非不二才是真谛；第四，上述三种二谛，都是说教的法门，都是俗谛，通过这样的说教，使人们领悟上述三种二谛的反面，即非有、非空、非二非不二、非非二非不二、无所依、无所得，才明白什么是真谛。

第四重二谛的真谛，只能用一系列的否定进行表达，既不能用语言正面表达，也不能以思虑揣测，动口即错，动念即乖。所以《大乘玄论》卷一又进一步指出："言忘虑绝为第一义，即是第四重义也。"[③]

俗谛和真谛的关系是怎样的呢？吉藏的《二谛义》卷下称："俗不定俗，俗名真俗；真不定真，真名俗真。"[④] 这是说：俗谛不是由俗谛本身规定的，要以真谛为其目标，所以称为"真

① 《大正藏》卷三〇，第32页。
② 《大正藏》卷四五，第15页。
③ 《大正藏》卷四五，第15页。
④ 《大正藏》卷四五，第112页。

俗”；真谛也不是由真谛自身规定的，要以俗谛为其阶梯，所以称为“俗真”。可见真谛和俗谛是相辅相成的。真谛主要讲“空”，俗谛主要讲“有”，这就构成一对矛盾。真谛的“空”不是空无，而是无自性；俗谛的“有”不是真有，而是幻有，所以，真、俗二谛的关系是互相依存、互相联系、互相对立的。真、俗二谛既是互相对立的，又是互相统一的。

三、中道实相

“中道”这个词也不是中观派的独创，早在释迦牟尼时代就提出了“中道”理论。但是，佛教经典中对“中道”的解释各不相同。三论中最主要的《中论》就是以“中”命名的。《大乘玄论》卷五说：“通论三论，皆得显中。”① 意思是说：《中论》《十二门论》和《百论》都是在说明中道。由此可见，“中道”是中观学派的核心思想。《中论·观四谛品》说：“因缘所生法，我说即是空，亦为是假名，亦是中道义。”② 在论空、假、中的时候，最后归结为中道。对因缘所生法既承认其假名一面，又见到性空一面，这本身就是中道。中道是中观学派的基本理论之一。

中国佛教三论宗认为“不二”就是中道，《大乘玄论》卷四说：“二是假名，不二为中道，中道即实相。”③ 三论宗又认为“八不”就是中道，《中观论疏》卷二说：“八事四对，一一相对，病无不破，义无不显，即义无不足。但以四对，历破众计，历明中道，于义略圆，故但说八也。”④ 八不完全破除了各种妄念，完全阐明了中道。三论宗认为：“中道”是世界上万事万物的真实相状，所以称为“中道实相”。什么是实相呢？《大乘玄论》卷四解释说：“虚空非有非无，言语道断，心行处灭，即是

---

① 《大正藏》卷四五，第71页。
② 《大正藏》卷三〇，第33页。
③ 《大正藏》卷四五，第61页。
④ 《大正藏》卷四二，第24页。

实相。”[①] 三论宗所说的“中道实相”就像虚空一样，既不是“有”，也不是“无”，既不能说，也不能想，是一种极其神秘的东西。

三论宗还把中道区分为一中、二中、三中、四中。所谓“一中”，是说只有中道才是独一无二的“净道”（解脱之道）。所谓“二中”，是指世谛中道、真谛中道。所谓“三中”，是指世谛中、真谛中、非真非俗中。不生不灭是世谛中道，非不生非不灭是真谛中道，非生灭非无生灭是二谛合明中道（即非真非俗中）。所谓“四中”，就是《三论玄义》所说的对偏中、绝待中、尽偏中、成假中。对治断见、常见偏病的中道，称为对偏中；断、常偏病被破除后的中道，称为尽偏中。中与偏相待而成立，因偏而有中，因中而有偏。偏病既除，中亦不留，此时的境界是难以表达的非偏非中，勉强安个名字称为“中”，这就是绝待中。有和无是假名，非有非无是中道，但要说明非有非无，必须首先说明有和无，这种成立于有、无假名的中道，称为成假中。世间万物虽然都是假名，但领会其主要用途，共分四种：因缘假、随缘假、对缘假、就缘假。如果辨别非常深奥的因缘意义，就是因缘假，如真、俗二谛，因空而有，因有而空，空、有互为因缘，这就是因缘假。随顺众生的根缘，因人而异地说法，这就是随缘假。为了对治常而说无常，为了对治无常而说常，这就是对缘假。外道认为世间万物都是实际存在的，各位佛和菩萨对此进行探究，最终结果是空，这就是就缘假。

吉藏还把“八不”“中道”等概念和佛性联系起来，提出佛性论的根据是《中论》卷四《观四谛品》：“虽复勤精进，修行菩提道，若先非佛性，不应得成佛。”[②] 意思是说：虽然一再地勤恳努力修行菩提道（觉悟之道），如果本来就没有佛性，也不会成佛。青目对这个颂是这样解释的：“如铁无金性，虽复锻

---

① 《大正藏》卷四五，第 62 页。

② 《大正藏》卷三〇，第 34 页。

炼，终不成金。”① 吉藏的《二谛义》卷上说：“离断、常二见，行于中道，见于佛性。”② 吉藏的《中观论疏》卷三解释说：“中道佛性，不生不灭，不常不断，即是八不。”③ 在吉藏看来，佛性与八不、中道同义。

四、中观与因明

《中论》作者龙树的生活年代与《正理经》的成书年代大体相同，所以二者之间的关系很值得注意。《中论》第十八品《观法品》长行认为有四种信：现事可信、比知可信、譬喻可信、贤圣所说故可信。龙树的《方便心论》则把四量称为现见、比知、喻知和随经书。二者名异义同。龙树的四信完全等同于《正理经》四量：现量、比量、譬喻量和声量。龙树的现事可信或现见，相当于《正理经》的现量。现量是根、境、识三位相合所得到的认识，这种认识没有办法用语言进行表达，没有虚妄分别，没有谬误，对自己来说是肯定无疑的。龙树的比知可信，相当于《正理经》的比量，是以现量为前提所进行的推理认识。龙树的譬喻可信或喻知，相当于《正理经》的譬喻量，是使人由已知的类似事物所得到的认识。龙树的贤圣所说故可信或随经书，相当于《正理经》的声量，又称为圣言量或圣教量，是可信赖人有益的教训。

龙树的《方便心论》把比量分为三种：前比、后比、同比，《中论》分为如本、如残和共见。相当于《正理经》的有前比量、有余比量和平等比量。《方便心论》对前比、后比、同比的解释如下：“前比者，如见小儿有六指，头上有疮，后见长大，闻提婆达，即便忆念，本六指者，是今所见，是名前比。后比者，如饮海水，得其咸味，知后水者皆悉同咸，是名后比。同比者，如即此人，行至于彼。天上日月，东出西没，虽不见其动，

① 《大正藏》卷三〇，第 34 页。
② 《大正藏》卷四五，第 62 页。
③ 《大正藏》卷四二，第 31 页。

而知必行，是名同比。”[1] 所以前比是由前而推知今，后比是由今而推知后，同比是对同一事物属性的推论。《中论》对如本、如残和共见的解释如下：“如本名先见火有烟，今见烟知如本有火。如残名如炊饭一粒熟，知余者皆熟。共见名如眼见人从此去到彼，亦见其去，日亦如是，从东方出至西方，虽不见去，以人有去相，故知日亦有去。”[2]《正理经》的有前比量是由原因推知结果，如看到云，推知将要下雨。有余比量是由结果推知原因，如看到河水上涨，推知上游有雨。平等比量是由现在推知现在，如听到鸣声，推知有雀。由此可见，《方便心论》《中论》《正理经》三者，对三种比量的认识基本一致。

《正理经》主张五支作法：宗、因、喻、合、结，宗是要成立的命题，因是使宗得以成立的原因或理由，喻的功能是辅助因，成立宗。喻分为同喻和异喻。同喻是因的例证，因为它与所立法的属性相同。异喻与之相反，其属性不同于所立法。合是对所立法的喻进行推理，对宗和因进行综合考虑。“结”是讲完自己的理由以后再说“宗”，也就是结论。其式如下：

宗　此山正燃着火，
因　因为它有烟，
同喻　凡有烟必有火，如厨房。
异喻　凡无火必无烟，如湖。
合　此山也是这样，
结　所以山正燃着火。

龙树的逻辑不同于《正理经》，他的作品没有明确提出三支作法或五支作法的问题，但从《方便心论》的内容来看，他同意三支作法，不同意五支作法。如他讲到有三种减：一因减，二言减，三喻减。

---

① 《大正藏》卷三〇，第62页。
② 《藏要》本《中论》，第44页。

因减是缺因的错误，如：

宗　六识无常
喻　犹如瓶等
此支缺因，所以称为因减。

言减，即语言不完整，如说四大无常，如瓶造。应当说：

宗　四大无常
因　造作故
喻　如瓶

喻减是缺少喻支的错误，如：

宗　此身无常
因　众缘成故
此支缺喻，所以称为喻减。

由此看来，龙树认为只要宗、因、喻三支具足，就是完整的立式，不一定有合、结二支，所以不同于《正理经》的五支作法。把宗、因、喻三支作法说成是陈那的独创是不对的，只能说他继承了龙树的意见，把三支作法明确规定下来。

五、中观学派对中国佛教的影响

中观学派的哲学理论，对中国佛教各个宗派几乎都产生过影响，中观学派的创始人龙树，被推为中国佛教的八宗祖师，受其影响最显著的是三论宗。中国佛教三论宗，纯粹继承印度佛教中观学派的理论体系，所以三论宗推中观学派创始人龙树为初祖。尽管三论宗以龙树的《中论》《十二门论》及其弟子提婆的《百论》为经典，但在三论当中，《中论》最重要，所以《中论》对三论宗的影响最大。

天台宗尊《中论》的作者龙树为西土十三祖和东土九祖的初祖，根据《中论》第二十四品《观四谛品》的一个偈：“因缘所生法，我说即是空，亦为是假名，亦是中道义”[①]，建立天台宗的空、假、中三谛或三观。

尽管唯识和中观是对立的，但唯识派对中观仍很重视。唯识派创始人之一无著（Asaṅga，公元310—390年）著《顺中论义人大般若波罗蜜经初品法门》（简称《顺中论》）二卷，弘扬《中论》义理。注释《唯识三十颂》的十大论师之一安慧（Sthiramati，公元475—555年）著《大乘中观释论》，《续藏经》共收十八卷二十七品，《大正藏》只收九卷，到十三品《观行品》而止。唯识对空的强调不亚于空宗，如《楞伽经》讲七空：第一义圣智大空、性空、相空、无行空、行空、一切法不可说空、彼彼空。唯识本论《瑜伽师地论》卷十二讲四空：观察空、彼果空、内空、外空。该论卷七十七又讲十七空：一切法空、相空、无先后空、内空、无所得空、外空、内外空、本性空、大空、有为空、毕竟空、无性空、无性自性空、胜义空、无为空、无变异空、空空。《显扬圣教论》卷十五讲十六空：内空、外空、内外空、大空、空空、胜义空、有为空、无为空、毕竟空、无初后空、无损尽空、性空、相空、一切法空、无性空、无性自性空。由此可见，唯识对空论也是非常重视的，但对“空”的解释不同于中观，中观的“空”是缘起自性空，唯识的“空”是阿赖耶缘起空。

中观义理对禅宗的思想影响也很明显，禅宗尊龙树为天竺第十四祖，《中论》的空、八不中道等是禅宗重要的理论基础，如世尊对迦叶的传法偈：“法法本无法，无法法亦法。今付无法时，法法何曾法?”这实际上是中观的空论。

关于初祖菩提达摩的故事很多，比如他与弟子慧可的一段对

---

① 《藏要》本《中论》，第61页。

话，慧可问："诸佛法印，可得闻乎？"祖曰："诸佛法印，匪从人得。"慧可曰："我心未宁，乞师与安。"祖曰："将心来，与汝安。"可良久曰："觅心了不可得。"祖曰："我与汝安心竟。"这里的"觅心了不可得"显然是空宗思想。

菩提达摩将要返回印度的时候，让其门人谈一谈学佛的心得。道副说："如我所见，不执文字，不离文字，而为道用。"祖曰："汝得吾皮。"尼总持说："我今所解，如愿喜见阿閦佛国，一见更不再见。"祖曰："汝得吾肉。"道育说："四大本空，五阴非有，而我见处，无一法可得。"祖曰："汝得吾骨。"最后慧可礼拜，依位而立。祖曰："汝得吾髓。"此中慧可一言不发，说明中观真谛言忘虑绝。

禅宗的空观还表现在菩提达摩和武帝的一段对话。帝曰："朕即位以来，造寺写经，度僧不可胜纪，有何功德？"祖曰："并无功德。"帝曰："何以无功德？"祖曰："此人天小果，有漏之因，如影随形，虽有非实。"这里菩提达摩所说的"无功德"显然也是空宗思想，从俗谛来讲是有，从真谛来讲是空，俗谛的有是假有，所以说"虽有非实"。

有一位居士曾对二祖慧可说："弟子身缠风恙；请和尚忏罪。"祖曰："将罪来，与汝忏。"士良久曰："觅罪不可得。"祖曰："与汝忏罪竟，宜依佛法僧住。"这里的"觅罪不可得"与上文的"觅心了不可得"是一样的，显然也是空宗思想。

著名的六祖慧能得法偈："菩提本无树，明镜亦非台。本来无一物，何处惹尘埃？"此中的"本来无一物"也显然是中观的空论。

此类例证，举不胜举，恕不赘述。

相传龙树曾经从龙宫取《华严经》，还曾造解释《华严经》的《大不思议论》十万颂。所以，以《华严经》为其经典的华严宗，推龙树为本宗祖师，十分重视龙树的中观理论。华严宗创始人法藏（公元 643—712 年）曾著《十二门论宗致义记》二卷，弘扬《十二门论》的中观理论。

相传龙树会隐术，善咒术，所以龙树被密宗推焉本宗祖师。密宗本经《大日经》所说的“我说一切法，所有相皆空。”《金刚顶瑜伽中略出念诵经》所说的“一切诸法性，皆从因缘现。”《金刚峰楼阁一切瑜伽瑜祇经》卷上所说的“诸法无自性”等，都明显继承了大乘空宗思想。

参考资料

1. 田光烈：《印度大乘佛学概违》，截于《印度宗教与中国佛教》。

2. 多罗那他著，张建木译：《印度佛教史》第十五章《圣者龙树护持教法时代》、第十七章《阿梨耶提婆阿阇梨等时期》。

3. ［英］渥德尔著，王世安译：《印度佛教史》第十章《大乘和中观派》。

4. ［日］佐佐木教悟等著，杨曾文、姚长寿译：《印度佛教史概说》第十章《娑多婆漢那王朝和佛教》。

5. 杨惠南：《龙树与中观哲学》。

6. 印顺：《性空学探源》。

7. 印顺：《中观令论》。

思考题

1. 略述龙树、提婆的生平事迹。

2. 解释名词：空、中道、二谛。

3. 略述中观学派对中国佛教的思想影响。

4. 略述中观与因明的关系。

第十章　第二个大乘学派——唯识

到公元四、五世纪，印度佛教出现第二个大乘学派——瑜伽行派（yogācāra），因该派主张“万法唯识”，所以又称为唯识派。与大乘空宗相对立，所以称为大乘有宗。

第一节　印度唯识学派的传承体系

唯识的创始人一般认为是弥勒（Maitreya）。弥勒这个名字是大家所熟悉的，即未来佛弥勒菩萨。据日本佛教学者宇井伯寿考证，除神话中的弥勒以外，历史上确有弥勒其人。[①] 也有人认为是无著托弥勒之名。究竟有没有弥勒这个人，至今还没有定论，我们暂且按照宇井伯寿的考证，认为有弥勒这样一个人。弥勒相传为中天竺阿踰陀国人，生卒年代约为公元 350—400 年，算在弥勒名下的翻译佛典有五部：

1. 《瑜伽师地论》一百卷，唐玄奘译。

2. 《大乘庄严经论颂》十三卷，无著造论，唐波罗颇蜜多罗译。

---

① 见宇井伯寿著《印度哲学研究》卷一，第 335 页。

3.《辨中边论颂》一卷，世亲造论，唐玄奘译。

4.《分别瑜伽论》，未译。

5.《金刚般若论》二卷，姚秦鸠摩罗什译。

唐盾伦撰《瑜伽论记》卷一上称："慈氏菩萨随无著机，恒于夜分从知足天降于禅省，为说五论之颂：一、《瑜伽论》，二、分别观所名《分别瑜伽论》，三、《大庄严论》，四、《辨中边》，五、《金刚般若》。"①

此据汉文资料，藏文佛典中保存的弥勒著作更多一些。

无著（Asaṅga），亦称无着，音译阿僧伽，生活年代约为公元四、五世纪，生于北天竺犍陀罗国的布路沙城，属婆罗门种姓。其父名憍尸迦，母名比邻持，共生三子：长子无著，次子世亲，幼子比邻跋婆（意为比邻持的儿子），亦称觉师子（Buddhasiṃha）或师子觉。无著原出家于小乘佛教化地部，相传后遇宾头罗罗汉为其讲小乘空观，无著对其说教感到不满足，后从弥勒受《十七地论》。晚年游化于中天竺的憍尝弥国，死时已一百多岁，比弟弟世亲早逝二十五年。无著的著作很多，主要有以下几种：

1.《显扬圣教论》二十卷，唐玄奘译；

2.《摄大乘论》三卷，有玄奘、真谛、佛陀扇多三个译本；

3.《大乘阿毗磨集论》七卷，唐玄奘译；

4.《大乘庄严经论》十三卷，唐波罗颇密多罗译；

5.《究竟一乘宝性论》六卷，后魏勒那摩提译；

6.《金刚般若波罗蜜经论》三卷，隋达磨笈多译；

7.《能断金刚般若波罗蜜多经论颂》，唐义净译；

8.《六门教授习定论》一卷，唐义净译；

9.《顺中论》二卷，元魏般若流支译。

世亲（Vasubandhu，音译婆薮槃豆），是无著的弟弟，生活年代约为公元四、五世纪，因为有真谛（Paramārtnha，公元499—569年）翻译的《婆薮槃豆法师传》流行于世，所以关于

① 《大正藏》卷四十二，第311页。

他的情况我们知道的略多一些。先于说一切有部出家，博学多闻。释迦牟尼逝世九百年中，在阿踰阇国正勤日王的主持下，世亲的老师佛陀密多罗与数论师频阇诃婆娑辩论失败，遭污辱，当时世亲在国外，他回来后，非常气愤，造《七十真实论》，破外道的《僧佉论》获胜，正勤日王赏给他很多金子，世亲用这些金子在阿踰阇国修建三座佛寺：比丘尼寺、萨婆多部寺、大乘寺。后来，世亲学习《阿毗达磨大毗婆沙论》，学成后为人宣讲，每天讲完以后即造一偈，总结当天所讲的内容。世亲把这些偈颂汇集到一起，即成《俱舍论颂》，他把这些偈颂送给罽宾国的毗婆沙师，他们看到《毗婆沙》教义传播得这样广，非常高兴。但有些偈颂他们看不懂，遂赏世亲一百斤金子，让他造长行，解释这些偈颂，这就使他著成《俱舍论》，立萨婆多部义，并杂有经量部义。

为了维护说一切有部教义的纯洁，众贤论师（Saṅghabhadra）作八十万言的《俱舍雹论》予以驳斥，并带其弟子，自迦湿弥罗国出发，找世亲当面辩论。当时世亲在北天竺磔迦国的奢羯罗城，得此消息后，故意躲避到中印度，因为世亲认为北印度没有能够裁判他与众贤争论的高僧。众贤到磔迦国后，看出了世亲的用意，自感惭愧，临死前对其著作《俱舍雹论》感到后悔。世亲为众贤的悔过姿态所感动，把《俱舍雹论》改名为《阿毗达磨顺正理论》。

正勤日王逝后，由其儿子新日王继位，世亲受新日王和王母的供养，并被请住阿踰阇国。新日王的妹夫是外道婆罗门，与世亲辩论失败。新日王和王母赏给世亲很多金子，世亲又用这些金子在富娄沙国、罽宾国、阿踰阇国各起一寺。

世亲原笃信小乘佛教，通达小乘十八部教义，认为大乘佛教非佛所说，后听其兄无著弟子朗诵《华严经·十地品》而改信大乘。无著死后，开始造论解释大乘佛教，所造解释大乘经典的著作如下：

1.《摄大乘论释》十卷，唐玄奘译于贞观二十一年至二十三年（公元 647—649 年）。异译有二：隋达磨笈多译本称为《摄大乘论释论》十卷，译于大业五年（公元 609 年）；陈真谛译本称为《摄大乘释论》十五卷，译于天嘉四年（公元 563 年）。

2.《百论释》二卷，姚秦鸠摩罗什译于弘始六年（公元 404 年）。

3.《六门教授习定论释》一卷，唐义净译于长安三年（公元 703 年）。

4.《胜思惟梵天所问经论》三卷，元魏菩提留支译于普泰元年（公元 531 年）。

5.《能断金刚般若波罗蜜多经论释》，三卷，唐义净译于景云二年（公元 711 年）。异译本是《金刚般若经论》三卷，元魏菩提流支译于永平二年（公元 509 年）。

6.《文殊师利菩萨问菩提经论》二卷，元魏菩提流支译于天平二年（公元 535 年）。

7.《大般涅槃经云何长寿偈论》一卷，元魏达磨菩提译。

8.《涅槃经本有今无偈论》一卷，陈真谛译。

9.《妙法莲华经论优婆提舍》二卷，元魏菩提留支译。异译本是《妙法莲华经优婆提舍》一卷，元魏勒那摩提译于正始五年（公元 508 年）。

10.《三具足经论》一卷，元魏毗目智仙译于兴和三年（公元 541 年）。

11.《转法轮经优婆提舍》一卷，元魏毗目智仙译于兴和二年（公元 541 年）。

12.《宝髻经四法优婆提舍》一卷，元魏毗目智仙译。

13.《无量寿经优婆提舍》一卷，元魏菩提流支译于普泰元年（公元 531 年）。

14.《十地经论》十二卷，后魏菩提流支译。

15.《大乘庄严论疏》二十卷，唐波罗颇密多罗译。

16.《发菩提心经论》二卷，姚秦鸠摩罗什译。

17.《遗教经论》一卷，陈真谛译。

世亲年八十逝于阿踰阇国，因他原来信仰小乘佛教，后来皈依大乘，其著作既有小乘论，又有大乘论，成为小乘佛教徒和大乘佛教徒共同尊崇的对象。世亲的著作很多，号称千部论师，相传先造小乘论五百部，后来又造大乘论五百部，这当然是夸张之词。但不可否认，世亲的著作确实不少。除上述解释大乘经论的著作以外，主要著作还有以下几种：

1.《辨中边论》三卷，唐玄奘译于龙朔元年（公元 661 年）。异译本是《中边分别论》三卷，陈真谛译。

2.《唯识二十论》一卷，唐玄奘译于龙朔元年（公元 661 年）。

3.《唯识三十论》一卷，唐玄奘译于贞观二十二年（公元 648 年）。

4.《大乘成业论》一卷，唐玄奘译于永徽二年（公元 651 年）。异译本是《业成就论》一卷，元魏毗目智仙译于兴和三年（公元 541 年）。

5.《大乘五蕴论》一卷，唐玄奘译于贞观二十一年（公元 647 年）

6.《百法明门论》一卷，唐玄奘译于贞观二十二年（公元 648 年）

7.《佛性论》四卷，陈真谛译。

8.《阿毗达磨俱舍论本颂》一卷，唐玄奘译于永徽二年（公元 651 年）。

9.《阿毗达磨俱舍论》三十卷，唐玄奘译于永徽二年至五年（公元 651—654 年）。异译本是《阿毗达磨俱舍释论》二十二卷，陈真谛译于天嘉四年（公元 563 年）

10.《止观门论颂》一卷，唐义净译于景云二年（公元 711 年）。

11.《如实论》二卷，梁真谛译于太清四年（公元 550 年）。

世亲还著有因明学著作《论轨》《论式》《论心》，已佚。

师子觉，据《婆薮槃豆法师传》，他是无著的幼弟，据《大唐西域记》卷五是无著的弟子。关于他的情况，佛教典籍中记载很少，只知他曾注释无著的《大乘阿毗达磨集论》，可惜已佚。

再往后就是为《唯识三十颂》作注的十大论师了。亲胜、火辨与世亲同时，是最早为《唯识二十颂》作注的人。

再往后是德慧（Gunamati，窭拏末底），据玄奘《大唐西域记》卷三，德慧曾在摩揭陀国，与享有盛誉的数论师摩沓婆辩论获胜，使摩沓婆呕血而死。从此以后，德慧深受国王崇信，又以外道封邑建造寺院。据义净著《南海寄归传》，德慧是南印度人，擅长定学，主要著作有《随相论》《唯识三十颂释》《中论注》等。

德慧传给安慧（Sthiramati，音译悉耻罗末底），《成唯识论述记》卷一说他"糅《杂集》，救《俱舍论》，破正理师，护法论师同时先德，南印度境罗罗国人也，妙解因明，善穷内理。扇徽猷于小运，飞兰蕙于大乘，神彩至高，固难提议。"[①] 可见德慧是一位博学高僧，既通小乘，又通大乘，还善解因明。主要著作如下：

1.《大乘广五蕴论》一卷，唐地婆诃罗译于垂拱元年（公元685年）。

2.《大乘中观释论》十八卷，宋惟净和护法共译于天圣五年至八年（公元1027—1030年）。

3.《俱舍论实义疏》五卷，失译。

4.《阿毗达磨杂集论》十六卷，唐玄奘译于贞观二十年（公元646年）。

5.《宝积经论》四卷，元魏菩提留支译。

除此之外还有《大乘庄严经论疏》《辨中边论疏》《三十唯识论释》等。

因为安慧主张见分和相分都非实有，所以他的唯识理论和难

① 金陵刻经处本，第十一叶。

陀一样，也被称为“无相唯识”。

难陀（Nanda，意译欢喜），他的生活年代早于安慧，因为他的唯识理论维持世亲旧说，故称“唯识古学”。难陀主张种子新熏说，认为种子是由现行熏习而形成，佛教修行的无漏种子也是由于现行的熏习而形成，因此他废除了唯识的“五种姓”论①。难陀首创见、相二分，因主张相分无体，见分无形相，所以他的唯识理论称为“无相唯识”。

难陀传给胜军（Jayasena），关于胜军的情况，《大慈恩寺三藏法师传》卷四有些介绍，他是西印度苏剌陀（Suratha）国人，著名居士，属刹帝利种姓。从小就爱好学习，开始向贤爱（Bhadraruci）论师学习因明，又从安慧学习声明和大、小乘论，又从戒贤学习《瑜伽师地论》，他知识渊博，通晓四《吠陀》及天文、地理、医学、数学等，深受摩揭陀国满胄王的赏识，他派使臣去请胜军，欲立为国师，并封二十大邑，胜军没有接受。满胄王死后，戒日王继位，又请胜军为国师，并封乌荼国八十大邑，胜军又无接受。玄奘留印期间，曾跟他学习唯识教义和因明两年。

净月（Śuddhacandra，音译戍陀战达罗），与安慧同时，他对唯识的主要贡献是注释世亲的《唯识三十颂》《胜义七十论》和无著的《大乘阿毗达磨集论》。

世亲的另一支传给陈那（Dignāga，约公元440—约公元520年），意译域龙、童授等，他是世亲的弟子，生于南印度香至国婆罗门家庭，先于小乘犊子部出家，后改学大乘。陈那对世亲的唯识理论有所改造和发展，与难陀、安慧的唯识古学相比，称为“唯识今学”。因其主张相分实有，见分有其行相，所以他的唯识理论称之为“有相唯识”。

陈那没有被列入十大论师之列，他的主要功绩是在因明方

① 五种姓是唯识学派区分众生的五个等级：一是声闻乘种姓。声闻乘属于小乘，系指亲闻佛说教的四谛理而成罗汉者。二是辟支佛乘种姓。辟支佛乘亦属小乘，辟支佛乘种姓是指观悟十二因缘之理而得道者。三是菩萨乘种姓。菩萨乘是大乘，菩萨乘种姓是指通过修行而成佛者。四是不定种姓。通过修行可达罗汉、辟支佛、佛的果报不定。五是一阐提迦（lcchantika），无论如何修行，永不成佛。

面，被称为“中世纪正理学之父”，他是新因明的创始人。义净的《南海寄归传》列举了陈那的因明八论：《观三世论》《观总相论》《观所缘缘论》《因门论》《似因论》《理门论》《取事施设论》《集量论》。

陈那关于唯识学方面的著作，主要有以下几种：

1.《佛因般若波罗蜜多园集要义论》一卷，宋施护、法护、惟净同译于大中祥符四年（公元 1011 年）。

2.《掌中论》一卷，唐义净译于长安三年（公元 703 年）。

陈那传给商羯罗主（Śankarasvāmi），著有《因明正理门论》的释论《因明入正理论》一卷，唐玄奘译于贞观二十一年（公元 647 年）。

护法（Dharmapāla，约 6 世纪中叶），音译达磨波罗，南印度达罗毗荼国建至城中帝王之子，年三十二卒于大菩提寺。护法曾于中印一带与小乘、外道辩论获胜，他的唯识理论主要继承陈那的传统，弟子很多，主要有戒贤、胜友、胜子、智月、亲觉等。主要著作如下：

1.《广百论释》十卷，唐玄奘译于永徽元年（公元 650 年）。

2.《观所缘论释》一卷，唐义净译于景龙四年（公元 710 年）。

3.《成唯识宝生论》五卷，唐义净译于景龙四年（公元 710 年）。

护法还有声论（文字学）方面的著作《杂宝生明论》二万五千颂，数十卷，已佚。护法最主要的著作应推《二十唯识论释》和《三十唯识释》。由玄奘糅译而成的《成唯识论》即以护法的观点为主，兼蓄其余九家论师对《唯识三十颂》的注释。所以，十卷本的《成唯识论》主要反映护法的唯识理论。关于“种子”问题，护法调和难陀与护月两家主张，认为既本有又新熏。

戒贤（Śilabnadra，约 6—7 世纪），音译尸罗跋陀罗，三摩坦吒国人，属婆罗门种姓，在那烂陀寺拜护法为师，三十岁时曾代表他的老师护法与南印的一个外道辩论获胜，受到国王的崇信。我国唐玄奘于贞观十年（公元 636 年）到那烂陀寺，向主持那寺的戒贤法师（当时已一百零六岁）学习《瑜伽师地论》，同听者数千人。

胜友（Viśesamitra），音译毗世沙密多罗，曾在那烂陀寺向住持护法学习唯识教义。

胜子（Jinaputra），亦称最胜子，音译辰那弗多罗，据《大唐西域记》卷十一载，他在北印钵伐多国（parvata）造《瑜伽师地论释》，现存一卷，唐玄奘译于永徽元年（公元 650 年）。

智月（Jñānacandra），音译若那战达罗，胜友在那烂陀寺时的同学，护法的弟子，唯识十大论师之一。

亲光（Bandhuprabha），生活年代约为公元 6 世纪中叶，那烂陀寺的学僧，护法的弟子，著有《佛地经论》七卷，唐玄奘译于贞观二十三年（公元 649 年）。

亲胜、火辨、德慧、安慧、难陀、净月、护法、胜友、胜子、智月是注释《唯识三十颂》的十家论师，被称为唯识十大论师。他们的唯识观点在《成唯识论》中都有所反映。

除此之外，当时著名的唯识师还有无性和德光。无性曾为无著的《摄大乘论》作注，称为《摄大乘论释》，十卷，唐玄奘译于贞观二十一至二十三年（公元 647—649 年）。

德光（Gunaprabhā），音译瞿拏钵刺婆，原学大乘，后因学习《大毗婆沙论》，而改信小乘，曾作《辨真》等数十部论，破斥大乘。德光主要传世亲的律学，著有《律经》，是说一切有部的主要律典。除此之外，还注释过《瑜伽师地论》的前几品。

第二节　印度唯识的思想渊源

一、缘起论中的唯识思想

“缘起论”是原始佛教的核心思想，“缘”是指条件，“缘起论”是说任何事物或存在都依赖一定的条件。条件具备，事物或存在就要产生，有条件就有存在，没有条件，就没有存在。所以，一切现象或存在和条件是不可分离的，如要分离，相应的事物就随之而消灭。

原始佛教用“缘起论”建立了十二支，又称为十二因缘或十二缘起。

1. 无明，对佛教义理的愚昧无知。

2. 由无明而产生“行”，行，即行为，包括身行、语行、意行三种，三行又称为三业。

3. 由行而产生识。

4. 由识而产生名色，五蕴中的受、想、行、识四蕴为“名”，色蕴（物质）为“色”，即地、水、火、风四大种以及由此四大种所构成的人身。

5. 由名色而有六处：眼内处、耳内处、鼻内处、舌内处、身内处、意内处。

6. 由六处而生“触”，触为六触身，即眼触、耳触、鼻触、舌触、身触、意触。

7. 由触而生“受”，受有三种：苦受、乐受、不苦不乐的舍受。

8. 由受而生“爱”，爱有三种：欲爱、色爱、无色爱，与欲界、色界、无色界相对应。

9. 由爱而生“取”，取有四种：欲取、见取[①]、戒禁取[②]、我语取[③]。

10. 由取而生“有”，有有三种：欲有、色有、无色有，三有又称为三界。

---

① 见取，取着于自我、边见等错误的见解。

② 戒禁取，亦称戒取见，此见有二：一是执非因为因，如以大自在天为生因；二是执非道为道，如认为拜鸡狗可以升天。这是外道（非佛教派别）的两种见解。

③ 我语取，为执着种种我见之言语。

11. 由有而产生“生”，由五蕴、十二处①、十八界②产生命根。

12. 由生而有老死，一切有情众生“其形腐败”③ 为“老”，“命根谢灭，弃舍诸蕴，死时运尽，是名为死”④，“此死前老总略为一，合名老死”⑤。

这十二支通过去、现在、未来三世，可以概括为两重因果：由无明、行二支作为过去世的因，识、名色、六处、触、受五支则成为现在世的果，由爱、取、有三支作为现在世的因，生、老死则成为未来世的果。总称为“三世两重因果”。任何一个生命体，在没有获得解脱以前，都要按照这种因果律在三世、六趣⑥中生死流转，永无终期，直至涅槃方休。

在十二支里，值得注意的是第三支“识”和第四支“名色”，“名”里也有识蕴。这两种识是什么关系呢？二者的区别是什么呢？小乘佛教无法回答这个问题，大乘有宗认为：第三支的“识”是第八识阿赖耶识，第四支名蕴含的“识”是前七识：眼识、耳识、鼻识、舌识、身识、意识、末那识。

《长阿含经》卷十《大缘方便经》对识和名色的关系讲得很清楚：“阿难！缘识有名色，此为何义？若识不入母胎者，有名色不？答曰：无也。若识入胎不出者，有名色不？答曰：无也。若识出胎，婴孩坏败，名色得增长不？答曰：无也。阿难！我以是缘，知名色由识，缘识有名色。我所说者，又在于此。阿难！缘名色有识，此为何义？若识不住名色，则识无住处；若无住处，宁有生老病死忧悲苦恼不？答曰：无也。阿难！若无名色，

---

① 十二处，是六根和六境的合称，六根是眼、耳、鼻、舌、身、意，六境是色、声、香、味、触、法。

② 十八界，是六根、六境和六识的合称。六识是眼识、耳识、鼻识、舌识、身识、意识。

③ 见《缘起经》，《大正藏》卷二，第457页。

④ 见《缘起经》，《大正藏》卷二，第457页。

⑤ 见《缘起经》，《大正藏》卷二，第457页。

⑥ 六趣，亦称六道，佛教认为，众生在没有得到解脱之前，有六种轮回途径：天、人、阿修罗（Asura，恶神）、饿鬼、畜生、地狱。

宁有识不？答曰：无也。阿难！我以此缘，知识由名色，缘名色有识。我所说者，又在于此。”①

从这段经文里我们可以看出，胎儿的形成必须有“识”入母胎，一般称为“入胎识”。这“入胎识”是指什么呢？根据大乘有宗的观点，这“入胎识”就是十二支的第三支“识”，也是大乘有宗的第八识阿赖耶识。

为什么说“入胎识”就是第八识呢？大乘有宗认为：一切有情众生从死到生的阶段称为“中有”，在此阶段只有第八识存在。正如《八识规矩颂》所说的“去后来先作主公”。“去”就是死，“来”就是生。在“中有”存在的第八识可以进入另一个躯体，胎儿形成后就具备了“名色”。这里的“色”就是肉体，“名”就是前七识以及与识相应的一切精神现象。

大乘有宗还根据“缘起论”建立了自己“三性”之一的依他起性。大乘有宗对依他起性的解释是“依他众缘而得起故”②，与小乘佛教的“缘起论”基本一致，但与“缘起论”并不完全等同。小乘佛教主张“我空法有”，“法”（即客观事物）是各种条件凑合而成的。大乘佛教主张“我空法空”，一切“法”都是由阿赖耶识的种子变现的，所以“依他起性”的实质是说一切事物都依赖阿赖耶识的种子而生起。

在唯识三性中，依他起性是最基本的，对依他起性的错误认识，即认为客观物质世界是真实存在的，这叫做遍计所执性，就是一切有情众生普遍执着的错误认识。对依他起性的正确认识，即认为客观物质世界是虚幻不实的，这就是圆成实性，远离了遍计所执的我（主观）、法（客观）二性。

二、阿赖耶识的前身——补特伽罗、有分识和细意识

大乘有宗的基本特征之一是它设立的第八识——阿赖耶识。追其根源，可以追溯到部派佛教犊子部的补特伽罗、上座部的有

① 《大正藏》卷一，第61页。

② 《成唯识论》卷八，第46页。

分识和大众部的细意识。

原始佛教主张“缘起”，不承认有一个起主宰作用的灵魂，这是佛教区别于“外道”的一个基本特征。

释迦牟尼逝世三百年后出现的犊子部及其支派——正量部、法上部、贤胄部、密林山部，都主张有补特伽罗（pudgala）即“我”。补特伽罗意译为“数取趣”，意思是说补特伽罗是不断招受六趣轮回的主体。犊子部设立补特伽罗的理由如下：

1. 补特伽罗是轮回的主体，如《异部宗轮论》说：“诸法若离补特伽罗，无从前世转至后世，依补特伽罗，可说有移转。”① 犊子部认为，人的肉体在人间的存在是有期限的，是有始有终的，而补特伽罗则是永恒的，它既可以附着于肉体，又可以独立存在（中有），还可以从这一肉体转移到另一个肉体。佛教的因果报应，有的是在本世受报，有的是在来世受报，一切有情众生在没有达到涅槃之前，都要在“六道”中不停地轮回，这样的轮回需要有一个主体。犊子部认为，这种轮回的主体就是补特伽罗。

2. 记忆的主体，曾见曾闻的事情可以留下记忆。犊子部认为，这记忆的主体也是补特伽罗，《大毗婆沙论》卷十一称：“犊子部说，我许有我，可能忆念本所作事，先自领纳今自忆故。”②

3. 补特伽罗是认识的主体，认识客观事物靠六识：眼识、耳识、鼻识、舌识、身识、意识。六识的所依就是补特伽罗，六识间断时，补特伽罗仍然存在。正如《大乘成业论》所说的：“我体实有，与六识身为所依止。”③ 由此可见，补特伽罗和“外道”所说的“我”有很多相同之处，难怪其他佛教派别都说犊子部是依附于佛教的“外道”。

《异部宗轮论》对补特伽罗的具体描述是：“非即蕴离蕴，

---

① 《大正藏》卷四十九，第16页。

② 《大正藏》卷二十七，第55页。

③ 《大正藏》卷三十一，第785页。

依蕴处界假施设名。”① “非即蕴” 是说补特伽罗不等于五蕴，因为五蕴是生灭无常的，而补特伽罗是常住的。“非离蕴” 是说补特伽罗与五蕴有着不可分割的联系，离不开五蕴。所以依五蕴、十二处、十八界设立一个不可说的补特伽罗，是非一非异，非即非离，非常非无常、非有为非无为，无法用语言文字来表述。据《成唯识论述记》卷一，犊子部把一切事物分成过去法藏、未来法藏、现在法藏、无为法藏、不可说藏这五藏。这不可说藏就是补特伽罗。犊子部这样讲补特伽罗，就和外道所说的“我”有不同之处了。

犊子部的有我论在佛教界引起巨大影响，有的部派支持它，如化地部的“穷生死蕴”和经量部的“一味蕴”都与犊子部的补特伽罗相类似，这些部派认为犊子部设立补特伽罗是有道理的。大多数部派认为犊子部主张有我，违背了释迦牟尼的原始说教，是和“外道”同流合污。它们纷纷起来反对犊子部，和它划清界限。当时以“有我”“无我”作为衡量是不是“真佛教”的标准，每个部派都要对这个问题表态，如《俱舍论》和《大毗婆沙论》都专门设立了《破我品》。

大乘有宗不仅继承了犊子部补特伽罗的本质特征，也继承了上座部“有分识”的本质特征。上座部佛教把“细心”看成是轮回的主因，称为“有分识”，“有”即三有：欲有、色有、无色有，也就是三界：欲界、色界、无色界，“分”为成分，也就是构成轮回的条件或原因。“有分识”具有三界轮回的条件或原因。

关于“有分识”，无性著《摄大乘论释》卷二曾作过这样的说明：“上座部中，以有分声亦说此识，阿赖耶识是有因故。如说：六识不死不生，或由有分，或由反缘而死，由异熟意识界而生，如是等能引发者，唯是意识。故作言是：五识于法无所了知，唯所引发；意界亦尔。唯等寻求。见唯瞩照。等贯彻者，得决定智。安立是能起语分别。六识唯能随起威仪，不能受善不善

① 《大正藏》卷四十九，第16页。

业道，不能入定，不能出定。势用，一切皆能起作。由能引发，从睡而觉。由势用故，观所梦事。如是等分别说部，亦说此识名有分识。”① 玄奘弟子窥基据此提出“九心轮”的主张，实际上只有八心，因为从有分心开始，又到有分心结束，把“有分心”一分为二而成九心。窥基著《成唯识论掌中枢要》卷下称：“上座部师立九心论：一、有分，二、能引发，三、见，四、等寻求，五、等贯彻，六、安立，七、势用，八、反缘，九、有分。然实但有八心，以周匝言，总说有九，故成九心论。”② 最早提出“九心轮”的是《法聚论》，它把心分为八十九等，又把一般的心理作用分为十二心，再把十二心概括为九心。这里所说的九心和《成唯识论掌中枢要》所说的九心，只是名字不同，内容完全一样。（1）有分心，此时刚刚受生，还未起分别心，此时之心完全处于平静状态。（2）转向心或能引发，境与心欲相缘，生起警觉，好像从睡眠状态刚刚醒来一样。（3）见或见心，其心于境上转，随着眼、耳、鼻、舌、身五根而起五类感觉作用。（4）受持心或等寻求，有了“见心”，便对境界产生了痛苦或欢乐的感受。（5）分别心或等贯彻，有了分别心，就可以分别善和恶。（6）令起心或安立心，能分别善、恶后，就对境界安立了好或坏的相状。（7）速行心或势用，开始下决心并采取行动。（8）果报心或反缘，外境对心所起的影响。（9）有分心，再回到平静状态。生命的刚一开始称为“结生心”，生命结束称为“结死心”。一切有情众生就像轮子一样从有分心到有分心，一直轮回循环不已，直至涅槃。

九心轮可以图示如下：

① 《大正藏》卷三十一，第 386 页。

② 《大正藏》卷四十三，第 635 页。

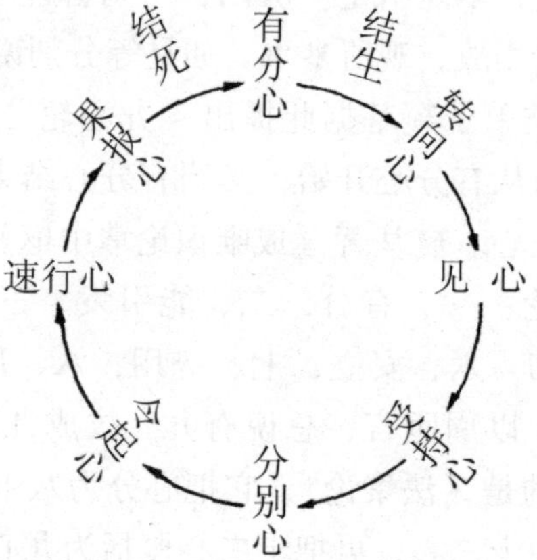

由此可见，“有分心”可以通达生和死，基本上等于外道的“我”，亦形成大乘有宗阿赖耶识的雏形。正如《解深密经》所说的：“阿陀那识甚深细，一切种子如瀑流，我于凡夫不开演，恐彼分别执为我。”①

阿赖耶识的设立与大众部的“细意识”也有着密切的关系。据《异部宗轮论》，大众部主张“心遍于身”，窥基的《异部宗轮论述记》对这句话进行了解释：“即细意识遍依身住，触身夹足，俱能觉受，故知细意识遍住于身；非一刹那能次第觉，定知细意识遍住身中。”②“心遍于身”是从执受推论出来的，心能执受，所执受的是根身。心就是“细意识”，亦称“细心”，这“细心”有生起六识的功能，相当于大乘有宗的阿赖耶识。《摄大乘论》称：“于大众部阿笈摩中，亦以异门密意说此名根本识，如树依根。”③ 大乘有宗的前六识依附于阿赖耶识，也像树干和树枝依附于树根一样。

三、种子的前身——一味蕴和穷生死蕴

大乘有宗的种子论也是该宗的基本理论之一。追其根源，可

① 《大正藏》卷十六，第692页。
② 萍寄卢校印本卷下第二叶。
③ 《大正藏》卷三十一，第134页。

以追溯到经量部的“一味蕴”和化地部的“穷生死蕴”。一味蕴和穷生死蕴虽与补特伽罗相类似，但更主要的是它们具有种子的基本特征。

经量部自称以庆喜为师，《异部宗轮论述记》称：“此师唯依经为正量，不依律及对法，凡所援据，以经为证，即经部师，从所立为名。经量部亦名说转部者，此师说有种子，唯一种子，现在相续，转至后世，故名说转。”① 据《异部宗轮论》，经量部认为人体内有一种叫做“一味蕴”的“细意识”，以它为基础长出“根边蕴”，即通常所说的色、受、想、行、识五蕴，由此构成世界上的一切有情众生。这种“一味蕴”由受、想、行、识四蕴组成，细微难言，称为“胜义补特伽罗”，通过它轮回流转。这“一味蕴”和“根边蕴”的关系，很像大乘有宗种子和现行的关系。

大乘有宗的种子说也继承了化地部“穷生死蕴”的本质特征。化地部是从说一切有部分裂出来的一个重要派别，据《异部宗轮论述记》，该部部主是国王，为了教化本国人民而舍国出家。《部执异论》称为“正地部”，近似于“化地部”的解释。它认为“过去未来是无，现在无为（按：即无为法）是有，于四圣谛一时现观，见苦谛时能见诸谛。”②《摄大乘论本》卷上称：“化地部中，亦以异门密意，说此名穷生死蕴。”③ 这“穷生死蕴”就相当于大乘有宗的种子。世亲著《摄大乘论释》对“穷生死蕴”曾作过这样的解释：“穷生死阴，恒在不尽故，后时色心，因此还生。于无余涅槃前，此阴不尽，故名穷生死阴。”④ 这“穷生死阴”就是“穷生死蕴”，它于涅槃前，有能生一切色法（物质）、心法（精神）的功能，这是很明显的种子特征。

---

① 萍寄卢校印本，第十二叶。

② 《异部宗轮论》，《影印宋碛砂藏经》第四二二册，第89页。

③ 《大正藏》卷三十一，第134页。

④ 《大正藏》卷三十一，第160页。

四、唯识派对说一切有部的继承关系

在佛教诸宗派中，大乘有宗从“说一切有部”[①] 继承的东西最多，其中最为显著的是五位百法和四缘、五果。

五位百法是大乘有宗的基本理论之一，很显然是从“说一切有部”的五位七十五法继承并发展而来的。这方面的道理无须多讲，我们只要画两张表格即可明了。

五、四缘、五果和种子论

小乘佛教的“说一切有部”和大乘有宗一致认为，宇宙间的万事万物（法）都是因缘和合所产生的结果。说一切有部主张有六因、四缘、五果。六因是能作因、俱有因、同类因、相应因、遍行因、异熟因。

当某一事物生起时，对其产生不起阻碍作用的任何事物都可以称为“能作因”，此因之体最广，所以列于首位。俱有因又称为共有因、共生因，指互为依存条件的原因，如三杖相依而得站立，三杖互为俱有因。因与果性质（善、恶和非善非恶的无记性）相同，其因为同类因。人们的认识发生时，心法和心所法必须相应而起，此称相应因。遍行于一切烦恼的原因称为遍行因。结果与原因不同类，其因为异熟因，意谓果与因异类而成熟。

---

① 说一切有部（Sarvāstivāda），简称有部，音译萨婆多部。所谓“一切有”有两方面的含义：一是法有一切有，五位七十五法实有；二是时一切有，过去、现在、未来三世实有。该部是释迦逝后三百年初从上座部分裂出来的一个重要部派，主要分布于克什米尔、犍罗等地，经典很多，其中有组织的是一身六足论，“一身”是《发智论》，“六足”是《集异门足论》《法蕴足论》《施设足论》《识身足论》《界身足论》《品类足论》。《俱舍论》是该部概要性论书。

五位七十五法

- 有为法
  - 色法(11)：无表色　触境　味境　香境　声境　色境　身根　舌根　鼻根　耳根　眼根
  - 心法(1)
  - 心所有法(46)
    - 大地法(10)：三摩地　胜解　作意　念　慧　欲　触　思　想　受
    - 大善地法(10)：不放逸　轻安　不害　无瞋　无贪　无愧　惭　舍　勤　信
    - 大烦恼法(6)：掉举　惛忱　不信　懈怠　放逸　无明
    - 大不善地法(2)：无愧　无惭
    - 小烦恼地法(10)：骄　诳　谄　恨　害　恼　嫉　悭　覆　忿
    - 不定地法(8)：疑　慢　嗔　贪　伺　寻　睡眠　恶作
  - 心不相应行法(14)：文身　句身　名身　灭　异　住　生　命根　灭尽定　无想定　无想果　同分　非得　得
- 无为法(3)：非择灭无为　择感无为　虚空无为

五位百法

- 无为法（6）
  - 虚空无为、择灭无为
  - 非择灭无为、不动无为
  - 想受灭无为、真如无为
- 有为法
  - 心不相应行法（24）
    - 众同分、命根、得
    - 灭尽定、无想定、异生性
    - 句身、名身、无想果
    - 住、老、生、文身
    - 流转、无常
    - 相应、定异
    - 次第、势速
    - 方、时、数
    - 和合性、不和合性
  - 心所有法（51）
    - 遍行（5）
      - 作意
      - 想
      - 思
      - 受、触
    - 别境（5）
      - 欲
      - 胜解
      - 念
      - 定
      - 慧
    - 善（11）
      - 惭、信
      - 无贪
      - 无痴、无嗔
      - 轻安、精进
      - 不放逸
      - 不害、行舍
    - 烦恼（6）
      - 贪
      - 嗔
      - 凝
      - 疑、慢
      - 恶见
    - 随烦恼（20）
      - 覆、恨、忿
      - 悭、嫉、恼
      - 骄、害、谄、诳
      - 无愧、无惭
      - 惛沉、掉举
      - 懈怠、不信
      - 失念、放逸
      - 不正知、散乱
    - 不定（4）
      - 悔
      - 睡眠
      - 寻
      - 何
  - 心法（8）
    - 眼识、耳识
    - 鼻识、舌识
    - 身识、意识
    - 末那识、阿赖耶识
  - 色法（11）
    - 眼根
    - 耳根
    - 鼻根
    - 舌根
    - 身根
    - 色境
    - 声境
    - 香境
    - 味境
    - 触境
    - 法处所摄色

这六因是“说一切有部”的独创，首次提出“六因”的是说一切有部论师迦旃延尼子的《发智论》。大乘有宗把四缘和五果都继承下来了，唯独不继承六因。大乘有宗主张有十因：

1. 随说因，在大乘有宗看来，万物本非实有，其名是假名，但凡夫听到事物的名称，就引起联想，错误地认为事物是实有；

2. 观待因，如看到苦则追求乐，苦就是乐的观待因；

3. 牵引因，善种子得善果，恶种子得恶果，善种子是牵引善果之因，恶种子是牵引恶果之因，牵引因是远因；

4. 生起因，善种子是生起善果之因，恶种子是生起恶果之因，生起因是近因；

5. 摄受因，是形成“自果”的过程中，除种子之外的其他条件；

6. 引发因，善业是引发善报之因，恶业是引发恶报之因；

7. 定异因，不同的原因产生不同的结果；

8. 同事因，上述七因除随说因之外的六因共同产生某一结果，这六因合称同事因；

9. 相违因，对果报起阻碍作用的原因；

10. 不相违因，在产生果报的过程中不起阻碍作用的原因。

这十因是依十五处安立的。

1. 语依处，“谓法名想所起语性，即依此处立随说因”（《成唯识论》卷八，《大正藏》卷二十一第41页。下同），事物的名称引起人们的联想，然后用语言表达出来，由此安立随说因。

2. 领受依处，“谓所观待能所受性，即依此立观待因”，由感受所成立的因是观待因。

3. 习气依处，“谓内外种未成熟位，即依此处立牵引因”，依未成熟种子所成立的因是牵引因。

4. 有润种子依处，“谓内外种已成熟位，即依此处立生起因”，依成熟种子所成立的因是生起因。

5. 无间灭依处，“谓心、心所等无间缘”，心法和心所法的等无间缘就是无间灭依处。

6. 境界依处，谓心、心所所缘缘。

7. 根依处，即心法、心所法所依的眼、耳、鼻、舌、身、意六根。

8. 作用依处，事物形成时，除种子之外的作具等附助条件。

9. 士因依处，事物形成时，除种子之外的作者等附助条件。

10. 真实见依处，关于无烦恼的见解，除引生自己本身的种子以外，对无烦恼事物所起的附助条件。依第5、6、7、8、9、10成立摄受因。

11. 随顺依处，善因生善果，恶因生恶果，无记因生无记果，依此立引发因。

12. 差别功能依处，由于因的功能不同，所得果报不同，由此成立定异因。

13. 和合依处，多种因和合产生某一结果，由此成立同事因。

14. 障碍依处，对于事物的产生、持续、成长等起阻碍作用，依此成立相违因。

15. 不障碍依处，对于事物的产生、持续、成长等不起阻碍作用，依此成立不相违因。

说一切有部的四缘是：因缘、等无间缘、所缘缘、增上缘。首先讲到四缘的是《识身足论》卷二，《舍利弗毗昙》卷二十五和二十六曾讲到十缘：因缘、无间缘、境界缘（所缘缘）、依缘、业缘、报缘、起缘、异缘、相续缘、增上缘。世亲的《俱舍论》和以后的大乘有宗都是采纳的四缘论。

第一，因缘，六因中除能作因之外的其余五因都是因缘。因缘总指一切有为法，并不包含无为法。大乘有宗把因缘分为两类：一是能生种子，二是能熏现行。

第二，等无间缘，前念心、心所引发后念心、心所，前念心为后念心之缘，前念心与后念心一致，故名为“等”，中无间隔，故名“无间”。大乘有宗认为，此缘只通心法、心所法，不通色法和心不相应行法。

第三，所缘缘，是主观心识的一切对象，是客观的别称。

第四，增上缘，对事物的形成起促进作用的外部条件。

说一切有部的五果是：异熟果、等流果、士用果、增上果、离系果，前四果是有为果，离系果是无为果，是由圣道证得的。

说一切有部认为，异熟果是依异熟因所得的结果，异熟因为善性或恶性，所得的果报是非善非恶的无记性，果与因相异而成熟，故称异熟果。大乘有宗认为，异熟果是善、恶行为所招总报、别报之无记果体。总报是阿赖耶识所变三界、六道的果报，别报是前六识所招同一总报中的不同情况。招引总报之业称为引业，招引别报之业为满业。

说一切有部认为，等流果是同类因和遍行因所得的结果，"等流"是说果与因性质相同，因是善的，果也是善的；因是恶的，果也是恶的。大乘有宗把等流果分为两类：一是真等流，如善、恶、无记三性种子，生起同类种子，或生起现行，或现行熏成种子。二是假等流，系指与先业相似之后果，如前世犯杀生之罪，今世得短命之果，果与因相似而不相同。

说一切有部认为，俱有因和相应因所得的结果称为士用果。士用果是人们凭借工具所得的结果。大乘有宗把士用果分为两种：一是人士用，即人们依靠农耕、商贾、当国王、作书画、占卜等事所得的结果；二是法士用，即人们依靠修行、禅定等业所得的结果。

说一切有部认为，依能作因所得的结果称为增上果，"增上"是"促进"的意思。大乘有宗把增上果分为两种：一是纯增上果，除异熟果、等流果、离系果、士用果之外，所得不受阻碍之果；二是杂增上果，在不受阻碍的情况下，所得的任何果报，都可以称为杂增上果。

离系果是无为果，"离"为远离，"系"为系缚，即烦恼。离系果是摆脱各种烦恼的涅槃果，这是说一切有部、大乘有宗及其他一切佛教派别所追求的最终果报。

说一切有部的因果论已含有种子思想，在《俱舍论》里已明确提出种子的概念。

说一切有部所主张的遍行因和同类因在三世的时间内可通过去世和现在世，异熟因、相应因、俱有因和能作因可通过去、现在、未来三世。隔世受果靠业力，这业力就相当于大乘有宗的种子。正如《俱舍论》卷四所说的："此中何法名为种子？谓名与色，于生自果所有辗转邻近功能，此由相续转变差别，何名转变？谓相续中前后异性。何名相续？谓因果性三世诸行。何名差别？谓有无间生果功能。"①

说一切有部主张有十八界，《俱舍论》卷四明确指出："界谓种子"②。因为"界"有生的功能，《俱舍论》卷一对"界"作过这样的解释："如一山中有多铜、铁、金、银等族，说名多界。如果一身或一相续，有十八类诸法种族，名十八界。此中种族，是生本义。"③

总之，《俱舍论》中的种子概念已很明显。可见大乘有宗的"种子"论并不是该宗的独创，而是从部派佛教继承来的。

第三节　"六离合释"略解

唯识宗常用"六离合释"（Ṣaṭsamāsa）解释其名词术语，六离合释又称为六种释或六合释。Samāsa 意为集合，是一种复合词结构。复合词的构成单位可以是两个，也可以是两个以上。这种复合词结构，共有六种，故称"六离合释"。"离"是分离，是把复合词拆开来讲；"合"是合并，是把复合词作为一个整体来讲。现将六离合释分别解释如下：

1. 依主释（Tatpuruṣa）。"依主"意谓以所依为主，"依"

① 《大正藏》卷二十九，第 22 页。
② 《大正藏》卷二十九，第 18 页。
③ 《大正藏》卷二十九，第 5 页。

是依托，如眼识，识依眼根而起，所以称为眼识，眼根是所依，识是能依。举出眼根是所依的主，表明能依是识。所依是主，能依是客，所依是胜，如父；能依是劣，如子。子依父，儿子取父为名，就是依主，如王子，儿子依托国王才能称为王子。依托眼根的识叫眼识，依托耳根的识叫耳识，依托鼻根的识叫鼻识，依托舌根的识叫舌识，依托身根的识叫身识，依托意根的识叫意识，所以眼识、耳识、鼻识、舌识、身识、意识都是依主释。根是能生，是胜，是主；识是所生，是劣，是宾。

依主释又称为依士释，“士”是子义，依士就是依子，父亲取子为名，就叫做依士。如色识，色是外境，是眼识所缘的对象，识是能缘。能缘是主，所缘是子，主是胜，子是劣，依劣依子得名，所以叫依士释。依此类推，依声的识是声识，依香的识是香识，依味的识是味识，依触的识是触识，依法的识是法识，声识、香识、味识、触识、法识，都是依士释。

2. 持业释（Karmadhārya）。“持”是执持，“业”是业用，如藏识，“识”是体，“藏”是用。“藏”的用，能够显明识的体，识的体又能执持“藏”的用，所以藏就是识，故称藏识。因为其体能够执持业用，所以叫做持业释。

持业释又称为同依释，就是两种用，同依一个体。还以藏识为例，“藏”的功用是含藏，“识”的功用是了别，含藏及了别这两种作用，共同依托第八识阿赖耶识的识体，所以称为同依释。

3. 多财释（Bahuvrihi）。又称为有财释，“财”为资益，以其他的东西来资益自己，称为有财，他属我有，从所有而得其名，如有车的人，称为有车者；有马的人，称为有马者。又如佛陀称为觉者，“觉”就是他，“者”就是自，有觉之人就是觉者，特指佛陀。有财释又有分取他名和全取他名之分，“分”为部分，“全”为全部。觉者就是自（者）、他（觉）共名。有觉悟的人都可以称为觉者，所以有觉悟的觉者是很多的，此处特指佛陀，所以是分取他名。又如《阿毗达磨俱舍论》（Abhidharma-

kośaśāstra）又称为《对法藏论》，阿毗（Abhi）意谓“对”，达磨（Dharma）意谓法，俱舍（Kośa）意谓藏。依对法藏所造的论称为《对法藏论》，所以《对法藏论》是全取他名。

4. 相违释（Dvandva）。两个或两个以上不相随顺（相违）的名词结合成一个复合词，称为相违释，如止观、眼耳鼻舌身意、色声香味触法、地水火风等，每个复合词的各个部分都可以各自独立，其关系是并列关系。

5. 带数释（Dvigu）。“带”是挟带，“数”是数目，在名词上挟带一个数目，以数显义，如五蕴、二谛、四圣谛、八正道、十二因缘等，就称为带数释。带数释分为三种：（1）持业带数。如五蕴、二谛等。首先以五蕴为例，五就是蕴，蕴就是五，色、受、想、行、识这五种东西本身就是“蕴”，并不是五外有蕴，蕴外有五，这是以自为名。五蕴的体都有积聚的业用，体持业用，所以称为持业带数。又如二谛，就是真谛和俗谛，“谛”（Satyam）意谓实在（真理）。俗谛对于俗人来说是实在的，真谛对于佛教圣人来说是实在的。二外无谛，谛外无二，二就是谛，谛就是二，二谛的体都有实在的业用，体持业用，所以称为持业带数。（2）依主带数。如六识是眼识、耳识、鼻识、舌识、身识、意识的合称，“六”是带数，“识”是依根，这是取自他为名，根是主，根是能生，识是所生，六识是依六根得名，六根是主，所以称为依主带数。（3）有财带数。如骂犯五逆罪者为五无间，五逆是五种罪行：杀父、杀母、杀罗汉、由佛身出血、破和合僧。五无间是八大地狱的第八阿鼻（无间）地狱：趣果无间（不间断地舍身受损）、受苦无间（不间断地受苦）、时无间（一劫内不间断地受苦）、命无间（中不断绝）、形无间（地狱之广有八万由旬，身形也有八万由旬，没有一点空隙）。五逆罪是原因，五无间是果报，即因谈果，全取果名以表犯五逆罪者，所以称为有财带数。

6. 邻近释（Avyayibhāva）。如四念处又称为四念住，分大乘和小乘两种。小乘四念处是：观身不净、观受有苦、观心生灭、观法无我；大乘四念处是：观身如虚空、观受内外空、观心但名字、观法善恶俱不可得。“念处”的意思是以慧观境，以慧为体。严格来讲应当是“四慧住”，因慧近念，所以称为“念处”。持业释是以自为名，邻近释是以他为名，所以邻近释没有持业邻近，只有依主邻近和多财邻近。

首先讲依主邻近。如有人住于北京附近，有人问他住于何处，回答说：北京。称此人是北京住者，此人并非住于北京，而是住于北京附近，所以“北京住者”是邻近释。“北京”是他名，是所依，“住者”是自名，是能依。“北京住者”是以所依为主，自（住者）、他（北京）共名。“北京住者”可以是很多人，此处特指这个人，所以是分取他名，故称依主邻近。然后讲有财邻近。如果有人问这个人是哪里人？回答说：北京。以“北京”代表他的名字，“北京”是全取他名，故称有财邻近。

第四节　唯识的哲学理论

对于大乘佛教来说，空、有两宗犹如鸟之两翼、车之两轮，相辅相成，缺一不可。所以空、有两宗是学习佛教的关键，很多佛学院都把唯识和中观作为主课，就是出于这种考虑。

从哲学理论来讲，唯识的理论最完备，学通唯识理论，再学其他宗派，会有“会当凌绝顶，一览众山小”之感。所以很多学者都从唯识入手。前辈学者欧阳竟无、周叔迦、熊十力等，都是研究唯识的专家。

一般认为唯识依据的经典是六经十一论，六经如下：《解深密经》《如来出现功德经》（没汉译）、《阿毗达磨经》（没汉译）、《楞伽经》《密严经》（没汉译）、《华严经》。十一论是：《瑜伽师地论》《显扬圣教论》《大乘庄严经论》《集量论》（没汉译）、《摄大乘论》《十地经论》《辨中边论》《唯识二十论》《大乘阿毗达磨集论》《分别瑜伽论》（没汉译）、《观所缘缘论》。这六经十一论只能说是《成唯识论》所引用的经典，说成是唯识依据的主要经典是不妥当的。解释《唯识三十颂》的《成唯识论》是唯识思想的集大成者，是研究唯识依据的主要经典之一。现将唯识宗的哲学理论分述如下。

一、唯识的八识论

唯识认为，世间一切都是虚幻不实的，都是识变现的，宇宙万有是所变，识是能变，能变识共分三种，此称三能变。《唯识三十颂》说："此能变唯三，谓异熟、思量，及了别境识。"[①]"异熟"是初能变，即第八识阿赖耶识；"思量"是二能变，即第七识末那识；"了别境识"是三能变，即前六识：眼识、耳识、鼻识、舌识、身识、意识。在三能变中，第八识是本识。其余七识皆由第八识转生，故称转识。

第八识阿赖耶识有三相：自相、果相、因相。自相是阿赖耶识的自体之相，阿赖耶是梵文 Ālaya 的音译，意译为"藏"。所以阿赖耶识又称为藏识。"藏"有三义：能藏、所藏、执藏。阿赖耶识像一座奇异的仓库一样，里边储藏着各种各样的种子，阿赖耶识是能藏，种子是所藏，第八识阿赖耶识被第七识末那识妄执为"我"（Atman，意谓起主宰作用的灵魂），第八识藏此我执，故称执藏。

藏识共分三位：（1）我受执藏现行位。包括七地以前的菩萨、小乘佛教的声闻及缘觉二乘有学[②]和一切有情众生。称第八识为阿赖耶识，是由于第七识的虚妄执着，认为我、法（Dharma，宇宙万有）都是实有。（2）善恶业果位。"谓从无始乃至菩萨金刚心或解脱道时，乃至二乘无余依位，谓名毗播迦（Vipāka），此云异熟识。"[③]"金刚心"即菩萨心，不为一切烦恼所动，犹如金刚一样坚固。"解脱道"意谓出离烦恼的解脱之道，也就是佛道"无余依"，即无苦所依的无余依涅槃，或称无余涅槃。此时

① 《大正藏》卷三十，第60页。

② 有学，小乘佛教的须陀洹、斯陀含、阿那含三果，仍修。

③ 《成唯识论述记》卷二末，《大正藏》卷四十二，第298页。

的第八识称为异熟识，意谓前生的善、恶之业所招感的无记果报。第八识的性质是无覆无记，所生果皆由“业”（Karma，行为）决定，善业得善果，恶业得恶果。果报有总报、别报之分，总报系指六道轮回中的分类：天、人、阿修罗、畜生、饿鬼、地狱。每一类中又有区别，如人道有男女上下贵贱之分，同一类中的不同果报，称为别报。招感总报的业称为引业，招感别报的业称为满业。(3) 相续执持位。“谓无始乃至如来尽未来际，利众有情位，谓名阿陀那，此云执持。”① 阿陀那是梵文 Ādāna 的音译，意译执持，因为第八识能够执持一切种子及五根等。在相续结生时，第八识能够摄取生命体，执受名色自体。

第八识虽有三位，但是只有第一位是自相。第八识又称为异熟识，这是只就第八识的果相而言，因为第八识能够决定转生的界（三界：欲界、色界、无色界）、道（六道）、生（四生：胎生、卵生、湿生、化生），善业或恶业引生异熟果报，故称异熟识。果相是第八识的第二位。第八识又称为“一切种识”，这是第八识的因相。因为它含有各种有漏种子和无漏种子，可以熏生各种现行，成为一切心法、心所法、色法和心不相应行法生起的原因。因相是第八识的第三位。

末那识是梵文 Manas-vijñāna 的音、意合译，Manas 意为“意”，Vijñāna 意为“识”，合而言之为意识，与第六识同名。为了和第六识相区别，第六识用意译，第七译用音译。第七识虽然与第六识同名，但解释不同，第六识是依意根之识，此为依主释。第七识是“意”即“识”，此为持业释。

关于第七识在八识中的地位，《成唯识论》卷四说：“阿赖耶识为依，故有末那转，依止心及意，余转识得生。”② 第七识以第八识阿赖耶识为其活动的依据，第七、八二识同时发挥作用。依止第七识和第八识，前六识才得以转生。第七识末那识在转依之前唯缘第八识的见分，作为“自内我”。转依之后变为平

① 《成唯识论》卷二，《大正藏》卷三十一，第7—8页。

② 《大正藏》卷三十一，第20页。

等性智，唯缘真如。末那识的性质是有覆无记。

末那识的基本特征正如《八识规矩颂》所说的："恒审思量我相随。""恒审思量"意为不停顿地起思虑作用，与有间断的前六识相区别。"我相随"意为第七识缘第八识，妄执第八识阿赖耶识为"我"。

末那识共有三位：（1）补特伽罗我见相应位。此位主张有"我"，包括一切有情众生、小乘佛教的声闻缘觉有学位、七地以前的菩萨。此位第七识末那识缘第八识阿赖耶识为"我"。（2）法我见相应位。主张法有，即主张有森罗万象的物质世界。此位包括一切有情众生、小乘佛教的声闻缘觉位，还有未达法空智果的菩萨，"法空智果"是以无分别智入法空理时所得到的正智果。"无分别智"是缘无相、不可分别真如的智慧。（3）平等性智相应位。即佛果位。前二位是有漏位，第三位是无漏位。

第三能变包括六种：眼识、耳识、鼻识、舌识、身识、意识，这是随根得名，因为这些识依眼等六根，都是依主释，这六识分别缘取色、声、香、味、触、法六境，随境取名分别称为色识、声识、香识、味识、触识、法识。这六识又可以分为两大类：第一类是前五识，第二类是第六识。

眼识缘取色境需要九个条件：（1）空，即空间；（2）明，即光明；（3）根，即眼识所依的眼根；（4）境，即色境；（5）作意，即作意心所；（6）根本依，即现行阿赖耶识；（7）染净依，即第七识末那识；（8）分别依，即第六识意识；（9）种子，即眼识种子。

耳识缘声需要八个条件：耳根、声境、耳识种子、作意、第六识、第七识、第八识和空。

鼻识缘香境需要七个条件：鼻根、香境、鼻识种子、作意、第六识、第七识、第八识。

舌识缘味境需要七个条件：舌根、味境、舌识种子、作意、第六识、第七识、第八识。

身识缘触境需要七个条件：身根、触境、身识种子、作意、第六识、第七识、第八识。

第六识意识分为五俱意识和不俱意识两种。与前五识同时俱起的意识称为五俱意识，亦称明了意识，因为这种意识能够明了缘取相应的外境。不与前五识同时俱起而单独生起的意识称为不俱意识。

五俱意识又分为五同缘意识和不同缘意识二种。五同缘意识是与前五识同时俱起，并同缘一境的意识。不同缘意识，虽然与前五识同时俱起，而所缘境却不相同。

不俱意识又分为五后意识和独头意识两种。五后意识是五俱意识之后的相续现行意识。独头意识是不与前五识同时俱起而单独生起的一种意识。

独头意识又分为定中意识、独散意识、梦中意识三种。定中意识是修炼禅定时的意识，这种意识生起时前五识都不生起，只有缘境的意识。独散意识又称为散位独头意识，不与前五识俱起，只是回忆过去或追求未来等单独生起的意识。梦中意识是做梦时的意识。

二、唯识的三性论

唯识的三性就是遍计所执性、依他起性和圆成实性。

关于遍计所执性，《唯识三十颂》说："由彼彼遍计，遍计种种物，此遍计所执，自性无所有。"[①]《成唯识论》卷八对此解释如下："周遍计度，故名遍计，品类众多，说为彼彼。谓能遍计，虚妄分别，即由彼彼虚妄分别，遍计种种所遍计物，谓所妄执蕴、处、界等，若我、若法的自性差别。此所妄执自性差别，总名遍计，所执自性。如是自性，都无所有，理、教推征不可得故。"[②] 唯识认为：一般人普遍认为，各种各样的事物都是实有的，这都是由于虚妄分别造成的。人们妄执五蕴、十二处和十八界都是实有，认为宇宙万有（法）和"我"都是独立实有，有

① 《大正藏》卷三十一，第61页。

② 《大正藏》卷三十一，第46页。

自性，这就是遍计所执性。唯识宗认为：各种各样的事物实际上都是不存在的，都无自性，都是幻有，都是假有，都是“空”。

《摄大乘论》把遍计所执性区分为两种：一是自性遍计执，二是差别遍计执。自性遍计执认为事物有独立真实存在的自性，如色、声等。差别遍计执认为客观世界实存千差万别、形形色色的事物，每一事物都有它特定的含义，如色有无常义、苦义、空义等。

《成唯识论述记》卷九本对《成唯识论》的“周遍计度”解释如下：“今依正义，由此应作四句分别，有遍而非计，谓无漏识，有漏善等能遍广缘，而不计著者。有计而非遍，谓第七有漏识。有亦遍亦计，谓有漏染污我、法执等六识等。有非遍非计，谓有漏五识，及分别识等。”①

《唯识三十颂》关于“三性”讲的第一句“由彼彼遍计”是能遍计之识，第二句“遍计种种物”是所遍计之境，“此遍计所执，自性无所有”是遍计所执性。

对于能遍计之识，唯识的解释各不相同，无著的《摄大乘论》说：“当知意识是能遍计，有分别故。”② 无著认为，只有第六识意识才是“能遍计”之识。安慧认为八个识都是“能遍计”之识。护法、难陀认为，只有第六识意识和第七识末那识才可以作“能遍计”之识。

什么是“所遍计”呢？《成唯识论述记》卷九本说：“此即心外非有法也，即是由有能遍计心体计有物也。”③“所遍计”并不是说“心”（即阿赖耶识）外有真实存在的东西。是能遍计之心误认为有实际存在的东西。《摄大乘论》认为“所遍计”就是依他起性，“依他起自性名所遍计”。

什么是“遍计所执”呢？《摄大乘论》说：“遍计所执其相云何？与依他起复有何别？有意三界心所由无始来虚妄熏习，虽

---

① 《大正藏》卷四十三，第540页。
② 《大正藏》卷三十一，第139页。
③ 《大正藏》卷四十三，第540页。

各体一而似二生，谓见、相分，即能、所取。如是二分情有理无，此相说为遍计所执。”① 能取之识（见分）和所取之境（相分）本来就在识上，故称体一（自证分），好像是二个，即见分和相分。有情众生认为是有，从佛教道理来讲是无，这就是遍计所执自性。

护法的主张与此不同，他认为：“一切心及心所，由熏习力所变二分，从缘生故，亦依他起，遍计依斯妄执定实有无、一异、俱不俱等，此二方名遍计所执。”② 这是说：见、相二分，都是因缘所生，这也是依他起性。“依此二分妄执定实为有、为无、亦有、亦无、非有、非无、为一、为异、为俱不俱等……此二见、相方名遍计所执，非因缘生二法名遍计所执。”③

依他起自性正如《唯识二十颂》所说的：“依他起自性，分别缘所生。”④《成唯识论》卷八对此解释如下：“众缘所生心、心所体，及相、见分，有漏、无漏皆依他起，依他众缘而得起故。”⑤ 这里所说的“众缘”系指四缘：因缘、等无间缘、所缘缘、增上缘，尤指作为因缘的阿赖耶识所摄藏的种子。

唯识以依他起性说明事物的幻有，《佛性论》卷二说：“依他性体，有而不实，由乱识根境故是有，以非真如故不实。何以故？因缘义无倒故，是以对分别性故名为有，对后真性故非实有，是名有不真实。”⑥《成唯识论》卷八有类似的论述：“众缘所引自心，心所虚妄变现，犹如幻事、阳焰、梦境、镜像、光影、谷响、水月变化所成，非有似有。”⑦

《摄大乘论》用十一识说明依他起性，即由名言熏习种子现起的身识（五色根）、身者识（染污末那）、受者识（无间灭意

① 《大正藏》卷三十一，第49页。
② 《成唯识论》卷八，《大正藏》卷三十一，第46页。
③ 《成唯识论述记》卷九本，《大正藏》卷四十三，第544页。
④ 《大正藏》卷三十一，第61页。
⑤ 《大正藏》卷三十一，第46页。
⑥ 《大正藏》卷三十一，第790页。
⑦ 《大正藏》卷三十一，第46页。

根)、彼所受识(六尘)、彼能受识(前六识)、世识(时间)、数识(数目)、处识(有情众性的住处)、言说识(语言),还有我见熏习种子现起的自他差别识、有支熏习种子现起的善趣恶趣死生识。

《摄大乘论》又把依他起性区分为两种:“一者依他熏习种子而生起故,二者依他杂染清净性不成故。由此二种依他别故,名依他起。”① “依他熏习种子而生起”,这是仗托因缘而生的依他起。“依他杂染清净性不成”,这种依他起性本身不是固定杂染或清净,他如果为虚妄分别所分别,即成遍计所执性,这就是杂染性的,即烦恼的。如果依无分别智而起,即成圆成实性,这就是清净的,无烦恼的。

圆成实性正如《唯识三十颂》所说的:“圆成实于彼,常远离前性。”② 在依他起性上,永远脱离遍计所执性,这就是圆成实性。《成唯识论》卷八对此解释如下:“二空所显圆满成就诸法实性,名圆成实。呈此遍常,体非虚谬,此即于彼依他起上,常远离遍计所执,二空所显真如为性。”③ 我空、法空所显示的各种事物的真实性质就是圆成实性。圆成实性就是唯识实性、真如实性。圆成实性是唯识宗的终极理论,认识到圆成实性就可以成就佛境。《成唯识论述记》卷九给圆成实性规定了三个条件:“一圆满,二成就,三法实性。见此三义,名圆成实。”④ “圆满”是说圆成实性是圆满无缺的教法,“成就”是成就佛的功德,“法实性”系指真如实性。无为法都是圆成实性。

《摄大乘论》又把圆成实性区分为二种:“一者自性圆成实故,清净圆成实故,由此固成圆成实性。”⑤ 自性圆成实是事物本身所具有的圆成实性,即凡圣一如的自性清净。清净圆成实是离垢真实性。自性清净性由于染法覆盖,使之不显,经过修行,

---

① 《大正藏》卷三十一,第 139 页。

② 《大正藏》卷三十一,第 61 页。

③ 《大正藏》卷三十一,第 46 页。

④ 《大正藏》卷四十三,第 545 页。

⑤ 印顺:《摄大乘论讲记》第 246 页。

去掉污垢，使清净性显现出来，这就是清净圆成实。

唯识对三性总的看法如下："三种自性，皆不离心、心所法，心所及所变现，众缘生故，如幻事等非有似有，诳惑愚夫：一切皆名依他起性；愚夫于此横执我法、有无、一异、俱不俱等，如空华等性相都无，一切皆名遍计所执；依他起上，彼所妄执我、法俱空，此空所显识等真性名圆成实。是故此三不离心等。"①

唯识理论万变不离其宗，所有的一切都离不开"心"，即阿赖耶识。关于三自性的理论也不例外，心法、心所法是自证分，"所变现"是见分和相分。唯识宗认为：所有的一切都是因缘和合而起，就像梦幻之事，实际上是不存在的，但表面看来似乎是有。一般人不懂得这个道理，这就是依他起性。在三自性当中，依他起性是基础，对依他起性的错误认识就是遍计所执性，对依他起性的正确认识就是圆成实性。根据依他起性的道理，世间一切都是幻有，我、法都是假有，既不能说有，也不能说无，但一般人硬说我、法是有、是无，或一体，或异体，或亦一亦异，或非一非异。实际上我、法皆如空华，性、相皆假，这种一般人的认识就是遍计所执性。根据依他起性的道理，我、法皆空，这种空所显示的真如实性就是圆成实性。

关于三自性的关系，《成唯识论》卷八说："应说俱非，无别体故，妄执、缘起、真义别故。"② 三自性的关系是非一非异，"无别体故"，是说三性非异，"妄执"（遍计所执性）、"缘起"（依他起性）、"真义"（圆成实性）别故，是说三性非一。

唯识还依三自性安立三无性，三无性即相无性、生无性、胜义无性。正如《唯识三十颂》所说的："即依此三性，立彼三无性，故佛密意说，一切法无性。"③ 可见唯识安立三无性的目的，是为了说明一切事物皆无自性。

① 《大正藏》卷三十一，第46页。
② 《大正藏》卷三十一，第47页。
③ 《大正藏》卷三十一，第61页。

相无性依遍计所执而安立，“相”为体相，“无性”意谓无自性，“相无性”是说事物的体相是虚假不实的。有情众生以“遍计所执性”看问题，认为世界上存在着真实的我和法，这就是我执和法执。“相无性”说明我、法体相就像空中花、水中月、镜中像一样，是虚幻不实的。众生所以认为有实我、实法，是由于事物的虚假名字安立的，并非有自性。

生无性是依依他起性而安立。唯识认为：有情众生不懂得“依他起性”的真实含义，误认为世间事物是由于众缘和合而使之产生。由无到有称之为“生”，唯识否认事物的实有，所以否认“生”。

依圆成实性立胜义无性，因为圆成实性的真如之体殊胜，故称“胜义”，“胜义无性”是说我、法皆无自性，是空。为了说明三无性是依三自性安立的，故先讲三自性，后讲三无性。

三、唯识的四分论

唯识为了论证“万法唯识”的道理，提出“四分”论：相分、见分、自证分、证自证分。

《成唯识论》卷二对相分和见分解释如下：“似所缘相说名相分，似能缘相说明见分。”① 相分是事物的相状，是识所缘的对象，并非实有，而是虚假非实，是识变现的影像。八识的相分各不相同，前五识的相分相当于我们所说的感觉对象，包括色、声、香、味、触五尘。一般人认为这种感觉对象是真实的，唯识认为是虚假的。第六识意识的相分是法尘，第七识末那识的相分是第八识阿赖耶识的见分，第八识的相分是根身、器界、种子。

相分是所缘，见分是能缘，相分是客观，见分是主观，《成唯识论》卷二又解释说：“相分名行相，见分名事，是心、心所自体相故。”②

相分和见分所依的自体是自证分，《成唯识论》卷二说：

① 《大正藏》卷三十一，第10页。

② 《大正藏》卷三十一，第10页。

"相、见所依自体名事，即自证分。"[①] 证明存在自证分的是证自证分。自证分和证自证分可以互证，故不必再立第五分。相分如镜中像，见分如镜的明净，自证分如镜体，证自证分如旋转镜体的把。

唯识师对"四分"论的解释是不一致的，据《成唯识论述记》卷三本，安惠立一分：自证分。难陀立二分：见分和相分。陈那立三分：见分、相分、自证分。护法立四分：见分、相分、自证分、证自证分。看来，"四分"论的建立有个过程，是从一分发展起来的。

关于安慧的主张，《成唯识论述记》卷一说："安惠（即安慧）解云：变，谓识体变似二分。二分体无，遍计所执。除佛以外，菩萨以还，谓识自证即自证分。由不证实有法执故，似二分起。即计所执，似依他有。二分体无，如自证分相貌亦有，以无似有。即三性心皆有法执，八识自体皆似二分。如依手由变似兔头，幻生二耳。二耳体无，依手巾起……问：此二体无，识体如何转似二分？答：相、见俱依自证起故，由识自体虚妄习故，不如实故，或有执故，无明俱故，转似二分。二分即是相分和见分，依识体起。由体妄故，变似二分，二分说依自证而起。若无识体，二分亦无。故二分起，由识体有。既有自体及此二分，依何分上假说我、法？答：依斯二分施设我、法，依此相、见计所执上世间误为我、法。此相见之中说为我、法"[②]。由此可见，安慧时代，相分、见分、自证分的概念都已提出。安慧认为：相、见二分就像法、我一样是虚幻不实的，只有自证分实有，故称安慧是一分家。

关于难陀的"二分"论，《成唯识论》卷二说，"心、心所必有二相，如契经云：一切唯有觉，所觉义皆无，能觉所觉分，各自然而转"[③]。《成唯识论述记》卷三本对此解释如下："引

① 《大正藏》卷三十一，第10页。
② 《大正藏》卷四十一，第241页。
③ 《大正藏》卷三十一，第10页。

《厚严经》，上之二句明内心有，外境是无。下二句明白内心见、相二分有，谓即似能所缘相是。‘各自然而转’者，谓见、相分各各自然，从其因缘和合而起，不必须待心外之境，或计大自在天之所作故方乃得转。今异于彼说自然言，故缘龟毛，心影像起，此证有二分也。”① 能觉的心识是有的，所觉的外境是不存在的。见分和相分都是以其因缘和合生起的。不必待“外境”，也不必像婆罗门教那样主张大自在天产生万物。只要以见分和相分两个概念，就可以解释宇宙万有。以此证明，只有见分和相分。

陈那在见分、相分的基础上另立自证分，成立“三分”论，举出下列三个理由：

1. 自证分有记忆的功能。《成唯识论述记》卷三说，无自证分，“应不自忆心、心所法，所以者何？如不曾更境必不能忆故。谓若曾未得之境，必不能忆。心情现在曾不自缘既过去已，如何能忆？此已灭心。以不曾为相分缘故，我今虽不令为相分缘，然自证分缘故”②。

2. 自证分相当于量果。《成唯识论》卷二说：“然心、心所一一生时，以理推征各有三分，所量、能量、量果别故。”③ 相分是所量，见分是能量，自证分是量果。

3. 自证分是见分和相分的所依。《成唯识论述记》卷三说：“若无自证分，相、见二分无依事故，即成别体，心外有境。今言有所依，故离心无境，即一体也。”④ 陈那认为：如不立自证分，所缘的相分和能缘的见分各自成立，就等于说心外有境，这就违背了唯识道理。现在安一个自证分，作为相分和见分的所依，就可以说明“识外无境”的唯识道理。由此可见，唯识师关于一分、二分、三分、四分的争论，离不开“万法唯识”的

① 《大正藏》卷四十一，第318页。
② 《大正藏》卷四十一，第319页。
③ 《大正藏》卷三十一，第10页。
④ 《大正藏》卷四十三，第319页。

宗旨。见分如尺（能量），相分如被量的布（所量），自证分如量得的结果（量果）。

护法在相分、见分、自证分的基础上，更立证自证分，以成立“四分”论，他立证自证分的根据如下：“又心、心所，若细分别应有四分，三分如前，复有第四证自证分，此若无者，谁证第三？心分既同，应皆证故。”① 可见立第四分是证明第三分的存在。见分和自证分都是心分，见分由自证分证明其存在，自证分由谁来证明其存在呢？证自证分，自证分和证自证分互证，故不必立第五分。这是护法安立第四分的第一个理由，第二个理由是为了给自证分安立量果。建立“四分”以后，见分、相分是所量，自证分是能量，证自证分是量果。

关于四分与三量的关系，《成唯识论》卷二论述如下：“谓第二分但缘第一，或量非量或现或比，第三能缘第二，第四证自证分唯缘第三，非第三者以无用故。第三、第四皆现量摄，故心、心所四分合成。”② 见分只缘相分，通心王八识，通现量、比量、非量，自证分只缘见分，证自证分只缘自证分。第三分和第四分只通第八识阿赖耶识，都是现量。

四、唯识的种子论

唯识认为，宇宙间一切都是阿赖耶识变现的。阿赖耶识所以有这样大的功能，就是因为它含藏着各类种子。

什么叫“种子”呢？《成唯识论》卷二解释说：“谓本识中亲生自果功能差别。”③ 在阿赖耶识（本识）之中含藏着产生色、心诸法现行的功能，这就是种子。《成唯识论述记》卷二解释说：“言本识者，显种所在，简经部师色心等持种，亲生自果简异熟因，望所生果非种子故，要望自品能亲生故，功能差别简现行七转识等，望所生种虽是因缘亦亲生果，是现法故非名功能，

① 《成唯识论》卷二。《大正藏》卷三十一，第 10 页。

② 《大正藏》卷三十一，第 10 页。

③ 《大正藏》卷三十一，第 8 页。

故以功能显种子相。”[①]

《成唯识论》卷二提出种子的六个条件，这就是种子六义：

1. 刹那灭。“谓体才生，无间必灭，有胜功力，方成种子。”[②] 种子刚生，很快就灭，灭了又生，持续不断。因为种子是有生灭变化的，所以它不同于常住不变的无为法。

2. 果俱有。“谓与所生现行果法，俱现和合方成种子。”[③] 种子具有产生现行的可能，种子与现行俱时显现，由现行推知种子。在众生身上种子与现行和合相应。唯识派的这种主张，不同于经量部认为因果异时的主张。唯识认为：什么种子产生什么现行，现行与种子相应，这就不同于婆罗门教一因生万果的主张。种子既可以生现行，又可以生种子。上述内容只就种子生现行而言。

3. 恒随转。“恒要长时，一类相续，至究竟位，方成种子。”[④] 种子生现行，现行生种子，种子自类相生，持续不断，一直达到成佛的究竟位，才能终了。能保持“一类相续”种子的，只有第八识阿赖耶识，有间断的前七转识没有这种功能。

4. 性决定。“谓随因力，生善恶等，方成种子。”[⑤] 善、恶、无记性质的种子，只能产生相应的现行，其功能是固定的。唯识的这种主张不同于小乘佛教说一切有部，该部主张善法等于恶、无记，为同类因。

5. 待众缘。“谓此要待众缘合，功能殊胜，方成种子。”[⑥] 种子要变成现行，还需要其他条件的配合。唯识的这种主张，不同于主张“自然因”论的婆罗门教。婆罗门教主张梵天一因生万果，不需要其他条件。唯识的这种主张也不同于小乘佛教说一切有部，该部主张“缘”永远具有，不需要“待”。

---

① 《大正藏》卷四十一，第302页。
② 《成唯识论》卷二，《大正藏》卷三十一，第9页。
③ 《成唯识论》卷二，《大正藏》卷三十一，第9页。
④ 《成唯识论》卷二，《大正藏》卷三十一，第9页。
⑤ 《成唯识论》卷二，《大正藏》卷三十一，第9页。
⑥ 《成唯识论》卷二，《大正藏》卷三十一，第9页。

6. 引自果。“谓于别别色、心等果，各各引生，方成种子。”[①] 色法种子只能引生色法之果。心法种子只能引生心法之果。唯识的这种主张，不同于婆罗门教，该教主张大自在天一因生一切果。唯识的这种主张也不同于小乘佛教说一切有部，该部主张色、心等法可以互为因缘。

正因为阿赖耶识含藏着具备这六个条件的种子，它就变现出宇宙万有。《成唯识论》卷七说：“由一切种识，如是如是变，以辗转力故，彼彼分别生。”[②] 由于摄藏一切种子阿赖耶识的变现，由种子变为现行，又由现行变为种子，宇宙间的一切事物就这样产生出来了。阿赖耶识所以成为世界的“万物本源”，就是因为他摄藏着具有这六个条件的各类种子。

唯识称世间的谷种、麦种等为外种，称阿赖耶识摄藏的种子为内种，外种假立种子之名，并不是真正的种子，只有阿赖耶识摄藏的具有这六个条件的种子才是真正的种子。

《瑜伽师地论》卷五举出种子七相。窥基著《成唯识论掌中枢要》卷上将此七相与种子六义进行了对照。七相如下：

1. 无常法为因。种子是有为法，是生灭无常的，不同于常住不变的无为法。相当于种子六义的第一义“刹那灭”。

2. 与他性为因，与后自性为因。“与他性为因”是说种子具有产生现行的功能，相当于种子六义的“果俱有”。“与后自性为因”是说种子前生后灭，持续不断。相当于种子六义的第三义“恒随转”。

3. 已生未灭为因。种子生灭无常，持续不断，已生未灭时才能称为种子。相当于种子六义的第二义“果俱有”和第三义“恒随转”。

4. 得余缘为因。种子变现行还需要其他条件（余缘）。相当于种子六义的第五义“待众缘”。

5. 成变异为因。“变异”意为转易，种子转易为现行，还需

① 《成唯识论》卷二，《大正藏》卷三十一，第9页。

② 《大正藏》卷三十一，第40页。

要其他条件。相当于种子六义的第五义“待众缘”。

6. 与功能相应为因。种子（功能）和现行必须相应，种子是善的，现行也是善的，种子是恶的，现行也是恶的；种子是无记性的，现行也是无记性的。相当于种子六义的第四义“性决定”。

7. 相称相顺为因。色法种子只能产生色法现行，心法种子只能产生心法现行，种子与现行相称相顺。相当于种子六义的第六义“引自果”。

关于种子的来源，唯识师说法不一，有三种不同的意见：

其一，护月（亦称月藏）认为种子本来就有，并非熏习而生，熏习只能使种子增长，他引二经一论为证：

1.《无尽意经》：“一切有情，无始时来有种种界，如恶叉聚，法尔而有。”① 这就是说：一切有情众生，从无始以来就有种子（界），这种种子就如恶叉聚②一样，本来就有的。

2.《阿毗达磨经》：“无始时来界，一切法等依。”③ 意思是说：从无始以来就存在的种子，是一切事物产生的依据。

3.《瑜伽师地论》卷二：“地狱成就三无漏根，是种非现。”④ 意思是说：在地狱受苦的众生，也可以成就三无漏根⑤。这只能是种子，不可能是现行。

其二，难陀反对种子本有论，主张新熏，他引一经一论为证：

1.《多界经》：“诸有情心，染净诸法所熏习故，无量种子之所积集。”⑥ 意思是说：有情众生的阿赖耶识（心）中，积集着很多种子，都是由染、净诸法熏习而成的。

---

① 转引自《成唯识论》卷二，《大正藏》卷三十一，第8页。

② 恶叉聚（Rudra-aksa），“恶叉”是一种树名，其籽称为金刚籽，可作念珠，落地而聚，故称恶叉聚。

③ 转引自《成唯识论》卷二，《大正藏》卷三十一，第8页。

④《成唯识论》卷二意引《瑜伽师地论》卷二，见《大正藏》卷三十一，第8页。

⑤ 三无漏根：未知当知根、已知根、具知根。

⑥ 转引自《成唯识论》卷二，《大正藏》卷三十一，第8页。

2.《摄大乘论》："内种定有熏习，外种熏习或有或无。"[1] 阿赖耶识摄藏的种子（内种）肯定要有熏习，谷种、麦种等外种可以有熏习，也可以没有熏习。

3.《摄大乘论》："闻熏习、闻净法界等流正法而熏起。"[2] 清净种子都是由于正闻熏习而产生的。

其三，护法综合护月和难陀两家主张，认为种子既本有，又新熏。他论证种子本有时所引的经同护月，他论证种子新熏时引的经同难陀。

种子有各种分类，按其变现的事物来分，种子分为共相种子和不共相种子两类。如高山、大河等等，人人共同变现，故称共相种子。眼、耳等根，只能由自己阿赖耶识的种子变现，故称不共相种子。

共相种子又分为两类：共中共和共中不共。《成唯识论述记》卷三本对此解释如下："一共中共，如山、河等，非唯一趣用，他趣不能用；二共中不共，如己田宅，及鬼所见猛火等物。人见为水，余趣余人不能用故。余房、衣等，准此可知。"[3] 此中"趣"字，即六趣，亦称六道。

不共相种子也分为两种：不共中不共和不共中共。如自己的眼等净色根，只能由自己的种子变现，故称不共中不共。如自己的扶根尘，只属个人所有，从这个意义来讲是不共；又由他人和自己的种子共同变现，故称共。所以变现自己的扶根尘的种子称为不共中共。

按其性质来分，种子分为有漏和无漏两类。《成唯识论》卷二解释说："诸种子者，谓异熟识所持一切有漏法种，此识性摄，故是所摄，无漏法种，虽依附此识，而非此性摄，故非所缘。"[4] 有漏种子由阿赖耶识之识体所摄，故称所缘，无漏种子

---

① 《成唯识论》卷二，意引《摄大乘论》，见《大正藏》卷三十一，第 8 页。
② 《成唯识论》卷二，意引《摄大乘论》，见《大正藏》卷三十一，第 8 页。
③ 《大正藏》卷四十三，第 321 页。
④ 《大正藏》卷三十一，第 11 页。

虽然依附于阿赖耶识，并非阿赖耶识之识性所摄，故称非所缘。

有漏种子又分为名言种子和业种子两类，名言种子是生起因，业种子是牵引因。生近果为生起因，引远果称为牵引因。

无漏种子分为三种：（1）生空无漏，即我空无漏，此属见道无漏；（2）法空无漏，属修道无漏；（3）空无漏，即我、法二空无漏，此属无学道。

《瑜伽师地论》卷五二说有九种种子：“复次，若略说一切种子，当知有九种：一已与果，二未与果，三果正现前，四果不现前，五软品，六中品，七上品，八被损伏，九不被损伏。若已与果，此名果正现前。若果正现前，此名已与果。若未与果，此名果不现前，若果不现前，此名未与果。若住本性，名软品。若修若练善不善法未到究竟，名中品。若修若练已到究竟，名上品。损及不损，如前应知。”①

种子又称为习气（Vāsanā），即烦恼现行熏习所成的余气。《瑜伽师地论》卷五二说：“云何略说安立种子？谓于阿赖耶识中，一切诸法遍计自性妄执习气，是名安立种子。”② 遍计所执性在阿赖耶识中留下的习气就是种子。《成唯识论》卷八说：“此虽才起，无间即灭，无义能招当异熟果。而熏本识，起自功能，即此功能说为习气。如是习气辗转相续至成熟时，招异熟果。”③

《成唯识论》卷八把习气分为三种：

1. 名言习气。“谓有为法各别亲种。”④ “名言所熏成种，作有为法各别因缘。”⑤ 名言习气是亲生有为法的种子，由名相概念熏习而成。这些种子储存在第八识阿赖耶识中，是变现宇宙万有的原因。

“名言有二：一表义名言，即能诠义音声差别；二显境名

---

① 《大正藏》卷三十，第588—589页。

② 《大正藏》卷三十，第589页。

③ 《大正藏》卷三十一，第43页。

④ 《大正藏》卷三十一，第43页。

⑤ 《大正藏》卷三十一，第43页。

言，即能了境心、心所法。”[①] 名言习气分为两种：表义名言习气和显境名言习气。“表义名言”是诠释事物意义的名相概念，用文字或声音表达出来，即为表义名言；“显境名言”就是了别外境的心法和心所法。

2. 我执习气。“谓妄执我、我所种。我执有二：一俱生我执，即修所断我、我所执。二分别我执，即见所断我，我所执。随二我执所熏成种；令有情等自他差别。”[②] 我执习气是虚妄执着有“我”和为我所有的种子。“我执”分为二种：一俱生我执。即第七识妄执第八识为“我”，这种我执修道可断。二分别我执。由第六识意识的分别作用所起的“我执”称为“分别我执”，这种我执修道可断。这两种我执熏习形成的种子，使有情众生感到自己与他人的区别。

3. 有支习气。“谓招三界异熟业种。有支有二：一有漏善，即是能招可爱果业；二诸不善，即是能招非受果业。随二有支所熏成种，令异熟果善恶趣别。”[③] 有支习气是招感欲、色、无色三界果报的业种子。

有支习气分为两种：一有漏善，能招感善报的业种子；二诸不善，能招感恶报的业种子。这两种有支熏习所形成的种子，使有情众生的转生，或得善趣，或得恶趣。

我执习气和有支习气是增上缘，有支习气又称为业习气。能取习气就是我执习气，所取习气就是名言习气。

种子是由熏习产生的，什么叫“熏习”呢？《成唯识论》卷二说：“令种生产，故名熏习。”[④] 能够找出种子的现行之熏发作用称为熏习。《大乘起信论》说：“熏习义者，如世间衣服实无于香，若人以香而熏习故，则有香气。”[⑤]《成唯识论述记》卷一

① 《大正藏》卷三十一，第43页。
② 《大正藏》卷三十一，第43页。
③ 《大正藏》卷三十一，第43页。
④ 《大正藏》卷三十一，第9页。
⑤ 《大正藏》卷三十一，第318页。

本说：“熏者，出发义。习者，数数义。由数数熏发有此种故。”①《述记》卷三说：“熏者，或由致也；习者，生也，近也。即发致果于本识内，令种子生近，令生长故。”②

熏习一般分为三种：

1. 名言熏习。“名”为名字，“言”为言说。名言熏习是由第六识意识分别名言所产生的染分之相。

2. 色识熏习。“色”是眼根所缘的境，色所引生的眼识称为色识。由第六识意识分别色境，由第七识和第八识传送熏习，成就染分之相，称为色识熏习。

3. 烦恼熏习。由第六识意识所起的贪、嗔、痴等烦恼，由第七识和第八识传送熏习所起的染分之相。

《大乘起信论》将熏习分为四类：“一者净法，名为真如，二者一切染因，名为无明，三者妄心，名为业识，四者妄境界，所谓六尘……此妄境界熏习义则有两种，云何为二？一者增长念熏习，二者增长取熏习。妄心熏习义有二种，云何为二？一者业识根本熏习，能受阿罗汉、辟支佛、一切菩萨生灭苦故，二者增长分别事识熏习，能受凡夫业出苦故。无明熏习义有二种，云何为二？一者根本熏习，以能成就业识义故；二者所起见受熏，以能成就分别事识义故。”③“妄心熏习义又有二种，云何为二种？一者分别事识熏习，依诸凡夫二乘人等，厌生死苦，随力所能，以渐趋向无上道故，二者意熏习，谓诸菩萨发心勇猛，速趋涅槃故。真如熏习义有二种，云何为二种？一者自体相熏习，二者用熏习。”④

熏习有所熏、能熏两个方面，所熏、能熏各有四义。所熏四义如下：

1. 坚住性。“若法始终一类相续，能持习气，乃是所熏。”⑤

① 《大正藏》卷四十三，第312页。

② 《大正藏》卷四十三，第312页。

③ 《大正藏》卷三十二，第578页。

④ 《大正藏》卷三十二，第578页。

⑤ 《成唯识论》卷二，《大正藏》卷三十一，第9页。

如果一种东西（法），始终如一地持续不断，能够保持种子，这就是所熏。前七识有间断，声、风等有流动，它们都缺乏坚住性，都不能受熏，只有第八识阿赖耶识可以受熏。

2. 无记性。“若法平等，无所违逆，能容习气，乃是所熏。”① 对一切事物都平等接受，皆不拒绝，可以容纳习气，这就是所熏。很强盛的善或染（烦恼）不能容纳习气，不能成为所熏，如来第八净识，只能携带原来的种子，不能重新受熏。第八识阿赖耶识的性质是无覆无记，对善、染皆不违拒，可以成为所熏。

3. 可熏性。“若法自在，性非坚密，能受习气，乃是所熏。”② 受熏事物必须是独立自在的，其性质必须是虚疏的。只有这样，才能接受习气，才能成为所熏。心所法依赖心法而起，不能独立自在，不能成为所熏。无为法，其性坚密，也不能成为所熏。

4. 与能熏共和合性。“若与能熏同时，同处，不即，不离，乃是所熏。”③ 如果与能熏事物在同一时间、同一处所，既不合一，又不乖离，就能成为所熏。每个人只能受自己前七识的熏习，不能受其他人的熏习，前念识与后念识刹那生灭，不处同一时间，不能受熏。唯识的这种主张，不同于经量部，该部主张，刹那生灭的前识可以熏习后识。

具备以上四个条件的，只有第八识阿赖耶识，心所法和前七识都不具备“所熏四义”，都不能作为所熏。

能熏四义如下：

1. 有生灭。“若法非常，能有所用，生长习气，乃是所熏。”④ 能熏的事物必须是变化无常的，有生长习气的作用。无为法恒长不变，没有生长习气的作用，不可成为能熏。真如既不

① 《成唯识论》卷二，《大正藏》卷三十一，第 9 页。
② 《成唯识论》卷二，《大正藏》卷三十一，第 9 页。
③ 《成唯识论》卷二，《大正藏》卷三十一，第 9 页。
④ 《成唯识论》卷二，《大正藏》卷三十一，第 9 页。

是能熏，又不是所熏。唯识的这种观点，不同于《大乘起信论》。该论认为，真如既是能熏，又是所熏。

2. 有胜用。“若有生灭，势力增盛，能引习气，乃是能熏。”① 如果是有生灭变化，势力增盛，能够引生习气，就可以成为能熏。

玄奘弟子窥基著《成唯识论述记》卷三本把“势力”区分为两种：“能缘势用。各种色法为相分熏，只能作所缘，不可做能缘，不作能缘熏。”② 强盛势用。第八识阿赖耶识有“能缘势用”，但不强盛，不可成为“能熏”。五个遍行心所法（触、作意、受、想、思）亦不强盛，也不可成为“能熏”。“心不相应行法”既无“能缘势用”，又无“强盛势用”，更不能成为“能熏”。

3. 有增减。“若有胜用，可增可减，摄植习气，乃是能熏。”③ 如果具备了第二个条件“有胜用”，可增可减，能够培植习气，这就是“能熏”。佛果是圆满善法，无增无减，不可成为“能熏”。

4. 与所熏和合而转。“若与所熏同时、同处，不即、不离，乃是能熏。”④ 只有自己本身的前七识可以成为“能熏”。前念识与后念识生灭相续，不能和合，不可成为“能熏”。

只有前七转识及其心所法具备这四个条件，可以成为“能熏”。

具备“所熏四义”和“能熏四义”，就可以形成熏习，形成习气或种子。

前念种子可以生后念种子，也可以生现行，现行又可以熏习形成种子，储存在阿赖耶识中，这就构成了三法二重因果。三法如下：能生的旧种子、种子熏成的现行、现行熏成的新种子。二

---

① 《成唯识论》卷二，《大正藏》卷三十一，第9页。
② 《成唯识论》卷二，《大正藏》卷三十一，第9页。
③ 《成唯识论》卷二，《大正藏》卷三十一，第9页。
④ 《成唯识论》卷二，《大正藏》卷三十一，第9页。

熏因果是：种子熏现行，现行熏种子。

如果以第八识所摄藏的种子为因，所生的眼等七转识即为果。如果以七转识的现行法为因，所生第八识的种子即为果。所以，七转识与第八识互为因果。宇宙万有就在七转识和第八识的辗转相熏中产生出来。

五、唯识的五位百法

唯识把宇宙万有区分为五大类，再仔细分为一百种，即心法八种、心所法五十一种、色法十一种、心不相应行法二十四种、无为法六种，此称五位百法。五位百法并不是唯识的独创，而是在小乘佛教的基础上发展起来的，小乘佛教说一切有部的论典《俱舍论》讲五位七十五法，经量部的论典《成实论》讲五位八十四法，唯识在此基础上发展成为五位百法。

心法即八识：眼、耳、鼻、舌、身、意识，再加末那识和阿赖耶识。心法又称为心王。这是就心法和心所法的关系而言，心所法受心法的支配，就像臣民受国王的支配一样。五位百法为什么要把心法放在首位呢？因为唯识把“心法”这种精神现象看成是第一性的，是决定一切的东西。

心所法是与心法相应而起的心理活动。心所法分为六大类。

1. 遍行。无论什么时候，无论哪一个心王生起，“遍行”心所法都要生起。这种心所法共分五种：触、作意、受、想、思。“触”是由根、境、识三位和合而产生的触觉。“作意”使心生起警觉、忆念，像动心意，令缘起境。“受”即领受或感受。“想”即想象。“思”为思想。

2. 别境。别境是不遍心王八识，各别缘境所引起的心理活动。“别境”共分五种：欲、胜解、念、定、慧。“欲”即欲望，就是对可爱事物怀有希望之心，产生努力追求的举动。“胜解”是对所接触的外境起决定性的理解，也就是对所接触的事物作出判断。“念”就是对经历过的事情铭记不忘。“定”即禅定，心专注一境而不散乱谓之“定”。佛教认为：修炼禅定可以获得智慧。“慧”是断除疑惑、取得决定性认识的智慧。

3. 善。“善”与“恶”相对，一切符合佛教义理的思想和行为都被佛教称之为“善”。“善”心所共分十一种：信、惭、愧、无贪、无嗔、无痴、精进、轻安、不放逸、行舍、不害。“信”是对各种佛教义理的坚定信仰。“惭”是由于本身所具有的自我尊重的促进力量，对于自己所犯的过失，感到羞耻，决心不再重犯。“惭”可以防止息灭恶行。“愧”是由于违犯过失在别人面前感到羞愧，惧怕惩罚，决心不再重犯。“愧”和“惭”一样，可以防止息灭恶行。“无贪”是对众生生存的处所和条件都无贪欲之心，不做恶业，只做善业。“无嗔”是为了对治“嗔”，是对痛苦及造成痛苦的原因或条件毫无忿恨之心，故不做恶行，只修善行。“无痴”意谓有智慧。明达事理，没有愚痴。

无贪，无嗔、无痴是三善根（生起善法的根本），能够对治贪、嗔、痴三毒，所以称为三善根。理由有二：第一，近对治三毒，近对治是别对治，即无贪、无嗔、无痴。远对治是通对治，有漏慧和无漏慧的“正见”可以总的对治不善根。第二，生善胜故，无贪、无嗔、无痴三善根，出生善法的功能殊胜有力。

“精进”是在佛教修炼中坚持不懈地努力。《成唯识论》卷六把精进区分为五种：被甲、加行、无下、无退、无足。被甲精进又称为有势精进，最初发起修行的决心就是被甲精进，就像是身披铠甲将要参加战斗的将士一样，勇猛无畏，有大威势，故称有势。加行精进又称为有勤精进，下定决心以后再坚定信心，勇悍努力。无下精进又称为有勇精进，为了达到自己的目的，不自卑，不害怕，有勇气。无退精进又称为坚猛精进，能忍寒热等苦，坚定勇猛地前进，决不后退。无足精进又称为不舍善轭精进，就像带轭的牛一样，直往涅槃，有其不足，即加弥补。

“轻安”是禅定时，使身心感到轻适安稳的精神状态。脱离粗重意谓“轻”，身心调畅意为“安”，这是禅定时产生的一种心理状态。灭除轻安就会使禅定受到阻碍，所以轻安是使禅定得以继续的必要条件。

“不放逸”是为了对治放逸，意为努力修行三善根：无贪、无嗔、无痴，断恶彻底，努力行善，圆满成就一切世间善业和出世间善业。“行舍”是为了对治掉举，求得静住。“行”是五蕴中的行蕴，“舍”是行蕴里不缓不躁的中庸状态。“不害”意为不伤害有情众生。

4. 烦恼。烦恼意谓扰乱有情众生，使之苦恼。烦恼分为两大类：根本烦恼和随烦恼。

根本烦恼有六种：贪、嗔、痴、慢、疑和恶见。“贪”是贪欲。“嗔”是对苦及造成苦的原因感到忿恨，并由此而行恶。“慢”意谓傲慢。“疑”是对佛教义理的疑问，犹豫不决。“恶见”即错误的见解。“恶见”分为五种：(1) 萨迦耶见，认为有我及我所；(2) 边执见，即断、常二边见；(3) 邪见，即否定因果报应的见解；(4) 见取见，即固执己见，互相斗争；(5) 戒禁取，认为坚持牛、狗等戒，可以升天。

随烦恼是随从根本烦恼而起的烦恼，其体性与根本烦恼相同。随烦恼由于发生作用宽狭的不同而分为三种：忿、恨、覆，恼、嫉、悭、诳、谄、害、骄十种，发生的作用面最小，只能同类相生，个别生起，故称小随烦恼；无惭和无愧发生的作用面稍宽，遍不善心，故称中随恼；掉举、昏沉、不信、懈怠、放逸、失念、散乱、不正知发生作用的面最宽，遍行染心，故称大随烦恼。

“忿”是对不合乎自己心意的事情感到忿怒，产生粗暴的身语表业。“恨”意为怨恨，并由此引起极度烦恼。“覆”意谓有情众生犯了罪过，害怕丧失名利，掩盖其罪，不敢披露，自寻烦恼。“恼”意谓恼怒。“嫉”意谓嫉妒。“悭”意谓悭吝。“诳”意谓贪图名利而欺骗他人。“谄”是为了取信别人的欢心而阿谀谄媚。“害”意谓损伤或损害众生。“骄”意谓骄傲自大。“无惭”意谓做了坏事不感到羞耻。“无愧”意谓犯了罪过，不感到惭愧。“掉举”是心情不安静，对行舍和禅定起阻碍作用。“昏沉”意谓昏暮沉重，障碍轻安和智慧。“不信”即不信三相：（1）实有，即诸法实相；（2）德，即佛、法、僧三宝的真净德性；（3）有能，有能力成就世间善法和出世间善法。“不信”是针对实、德、能三相不承认、不喜欢、不追求，由此滋生懈怠。“懈怠”是对修善断恶不勤奋，不努力。“放逸”是心情放荡，不信善法，不能断恶。“失念”是心意散乱，对于所修善法不能明记。“散乱”是心意流荡，障碍正定，限止善慧，增长恶慧。“不正知”是误解世间法及出世间法，破坏佛教“真理”。

5. 不定。不定对识、性（善、恶、无记）、界（欲、色、无色三界）都不定。共四种：悔、眠、寻、伺。“悔”又称为恶作，是对做过的事情感到后悔，能够障碍禅定。悔分三性，如果对所做恶业感到后悔就是善性，如果对所做善业感到后悔就恶性，如果对所做无记事感到后悔就是无记性。“眠”是昏迷而不自在，能障碍智慧。“寻”是对事理的粗略思考。“伺”是对事理的细密思考。

色法即物质，有变坏、质碍、示现等义。共十一种，包括五根（眼、耳、鼻、舌、身）、五境（色、声、香、味、触）和法处所摄色。

法处所摄色即意识所缘的色，共五种：

1. 极略色。把一个大东西分析至最小单位，称为极微，这就是极略色。

2. 极迥色。设想把空界的光、影、明、暗等假色，分析至不可再分的边际地位，假立极微，此称极迥色。

3. 受所引色。由戒所引发于身的无表色，仅是内在的无形体的功能，不同于表现于外的有表色。“受”是因教因师所领受，“引”是引发，从教理或教师领受其教训，引发于身的一种潜能，故称受所引色。

4. 遍计所起色。有情众生不懂的佛教真理，由第六识意识虚妄计度而显现五根、五境等，误认为实有。唯识认为：有情众生所妄执的色都是众缘所生，唯识所现，犹如水中月，空中花一样，都是虚幻不实的。

5. 定所生自在色。由于修炼禅定所产生的色、声、香、味、触等境，由于禅定的功能，对于一切色境都无碍自在。

“心不相应行法”的“心”是指心王八识，“行”是五蕴中的行蕴，有迁流造作之意。“不相应”是说此法既不与心法、心所法相应，又不与色法相应。共二十四种：得（获得）、命根（寿）、众同分（众生的共性）、异生性（凡夫众生与圣人的相异性）、无想定（认为无想即涅槃的一种禅定）、灭尽定（佛教圣人为止息受想劳虑所修炼的一种禅定）、无想果（修无想定所得到的一种果报）、名身（名词）、句身（句子）、文身（字母）、生、老、住、无常、流转、定异、相应、势速、次第、时、方、数、和合性、不和合性。

无为法是一种非因缘和合而非生灭变化的绝对存在，共六种：

1. 虚空无为。真如之理犹如虚空，通达无碍，与诸法非一非异，非即非离等，即不能说，又不能想。

2. 择灭无为。“择”为简择，“灭”为灭除，以无漏智简择力，灭除烦恼痛苦，证得涅槃，由灭苦涅槃果所表现的无为法称为择灭无为。

3. 非择灭无为。不用智慧的简择力，在无缘的情况下所得到的无为法，称为非择灭无为，即灭绝因缘的空所表现的真理。

4. 不动无为。色界四禅以上，不为苦乐所动，此种无为称为不动无为。

5. 想受灭无为。修灭尽定，生入无色界的非想非非想处，已经出离一切“想”和“受”，此种无为为想受灭无为。

6. 真如无为。真如即无为。

五位百法是唯识对世间精神、物质和出世间教法的总分类。唯识认为：在五位百法中，心王八识的功能最为殊胜，人或轮回于烦恼生死世界，或达到涅槃，都取决于“心”，故将心法列于首位。心所法必须与心法相应而起，故将心所法列于第二位。唯识认为：色法不能单独存在，是心法和心所法变现的幻影，并非实有，所以要色法列于心法和心所法之后。心不相应行法是借助心法、心所法、色法三位分别虚假施设而有，所以必须把它列于第四位。无为法难知，一般人难以理解，只有佛教圣人才能理解。认识到无为法，就可以达到涅槃境界，这是一切佛教理论的最后归宿，故将无为法列于最后。

唯识的意思是说：五位百法都离不开识，心王八识是识的自相、自体，心所法是识的相应，色法是识所变，心不相应行法是识的分位，无为法是识的实性。“唯”字只是为了排除一般人认为离识之外还有客观物质世界的主张。“唯”是破，“识”是立。“识”即“唯”，所以唯识是持业释。“唯识”是说世界上只有识，除识之外别无其他。宇宙间的一切事物都是识的相分，都是识变现的幻影，就像水中月、镜中像、空中花一样，是虚幻不实的，是假有，而不是真有。

第五节　陈那的新因明

佛教因明来源于《正理经》，陈那以前的因明称为古因明，陈那以后的因明称为新因明。古因明的重要标志之一是宗、因、喻、合、结五支作法，现列式如下：

宗：声是无常的，

因：所作性故，

同喻：犹如瓶等，于瓶见是所作与无常；

合：声亦如是，是所作性，

结：故声无常。

异喻：犹如空等，于空见是常住与非所作；

合：声不如是，是所作性，

结：故声无常。

陈那的新因明改五支作法为宗、因、喻三支作法，现列式如下：

宗：声是无常的，

因：所作性故，

同喻：若是所作，见彼无常，犹如瓶等。

异喻：若是其常，见非所作，犹如空等。

五支作法是类比推理，从瓶推知声，这种类比推理可能是正确的，也可能是不正确的，是或然性的。三支作法是演绎推理，这种演绎推理的结论肯定是正确的，是必然性的。

三支作法和五支作法比较起来，还有一个明显特征：三支作法增加了喻体，这喻体包括同喻体“若是所作，见彼无常”和异喻体“若是其常，见非所作”。五支作法的喻支只相当于三支作法的喻依“犹如瓶等”，喻体揭示了事物的普遍规律。五支作法的喻支只是特称命题，三支作法的喻体则是全称命题。

由此可见，因明从五支作法发展到三支作法，是一大进步。现在分述新因明的三支。

一、宗支

新因明的宗是论题或结论，如宗“声是无常的”，作为一个整体来说称为宗体，“声”和“无常”都是构成宗体的材料，称为宗依。宗体必须违他顺自，即必须要与敌方观点相矛盾，与己方观点相符顺。宗依必须是共许极成，即必须是立敌双方共同承认。前一个宗依“声”称为前陈，后一个宗依“无常”称为后陈。前陈是体，后陈是义。前陈和后陈分别称为自性、差别，或有法、法，或所别、能别。自性、法、所别称为体三名，差别、法、能别称为义三名。

宗支有九过：

1. 现量相违。“量”（Pramāna）是认识事物的方法、手段和判断知识真伪的标准。现量是根、境、识三位和合的那一刹那的认识，没有分别，没有谬误。现量相违是与感觉经验相矛盾的一种过失，如说“声非所闻”。

2. 比量相违。比量是以现量为基础的一种推理认识。比量相违是与正常推理相矛盾的一种过失，如说“瓶常”，瓶是造作的，由此推理应是无常，此中说“常”则是比量相违。

3. 自教相违。与本派教义相矛盾的一种过失，如胜论师说“声常”，即与本派观点相违背。

4. 世间相违。与当地风俗习惯、传说相违背的一种过失。如“怀兔非月”。根据印度的风俗习惯，传说兔中有月。

5. 自语相违。所说的话自相矛盾，如说“我母是石女”。

6. 能别不极成。对宗后陈能别不共许极成的一种错误。如佛弟子对数论师立：声灭坏。数论师只承认事物的转换，由有转为无，由无转为有，不承认事物的灭坏。

7. 所别不极成。对宗前陈所别不共许极成的一种错误。如数论师对佛弟子立“我是思”。佛教不承认“我”（灵魂）。

8. 俱不极成。对于宗后陈能别和宗前陈所别，立敌双方皆不共许极成的一种错误，如大乘对小乘立“上帝是造物主”，所别“上帝”和能别“造物主”，大乘和小乘皆不承认。

9. 相符极成。立敌双方对宗体共许极成的一种错误。如“声是所闻”。

二、因支

因是使宗体得以成立的原因或理由，正确的因支必须具备三个条件，这就是因三相：遍是宗法性、同品定有性、异品遍无性。遍是宗法性，意谓因支必须普遍具有宗前陈有法的属性，因支外延必须包含宗支有法的外延，也就是说因的范围可以大于或者等于宗支有法的范围，但不能小于宗支有法的范围。同品定有性，意思是说与宗支后陈法同类的事物，必定具有因的属性，同喻表示这一逻辑关系。宗后陈法的外延大于或等于因的外延，只要一部分同品具有因的属性即可成立。异品遍无性，是说与宗后陈法属性相反的事物（异品），都不具有因的属性，因的外延不能大于宗后陈法的外延，异喻表示这一逻辑关系。

陈那新因明对于因支的另一重要贡献是九句因，即关于因支同品、异品的九种可能关系。

初三句（同品有）
- 同品有异品有
- 同品有异品非有
- 同品有异品有非有

中三句（同品非有）
- 同品非有异品有
- 同品非有异品非有
- 同品非有异品有非有

后三句（同品有非有）
- 同品有非有异品有
- 同品有非有异品非有
- 同品有非有异品有非有

此中只有二、八句为正因，其余的都是似因，即错误的因。

因支有十四过：

1. 两俱不成。立敌双方都不承认因支周遍于宗前陈有法的一种过失。如：

宗：声是无常的，

因：眼所见过。

2. 随一不成。立敌当中有一方不承认因支周遍于宗前陈有法的一种过失。如胜论师对声显论立：

宗：声是无常的，

因：所作性故。

声显论认为声音只能是显现，而不可造作。

3. 犹豫不成。即因支是否正确，犹豫不决。如：

宗：此山有火，

因：有烟故。（是烟是雾不能肯定）

4. 所依不成。所依即宗前陈有法，所依不成是立敌双方对宗前陈有法不极成的一种过失。如胜论对小乘佛教经量部立：

宗：虚空实有，

因：德所依故。

小乘佛教经量部认为虚空无体，并非实有。

5. 共不定。因的范围过大，把同品和异品都包括进去了，违背了因三相的第三相“异品遍无性”，相当于九句因的第一句“同品有异品有”。如：

宗：此山有火，

因：因其可知故。

6. 不共不定。因的范围太小，既包括不了异品，又包括不了同品，违背了因三相的第二相“同品定有性”，相当于九句因的第五句“同品非有异品非有”，如：

宗：声常，

因：所闻性故。

因支“所闻性故”不能表明“常”，也不能表明“无常”，找不出同喻。

7. 同品一分转异品遍转。因支包含一部分同品和全部异品，相当于九句因的第七句“同品有非有异品有”，违背了因三相的第三相“异品遍无性”，如声生论对声显论立。

宗：声非勤勇无间所发，

因：无常性故。

以虚空、闪电为同品，“无常性”之因在闪电上有，在虚空中无。在异品瓶、盆等遍有。

8. 异品一分转同品遍转。因支包含一部分异品和全部同品，相当于九句因的第三句“同品有异品有非有”，违背了因三相的第三相“异品遍无性”，如：

宗：鲸鱼是鱼，

因：水生动物故。

9. 俱品一分转。因支包括一部分同品和一部分异品，相当于九句因的第九句“同品有非有异品有非有”，违背了因三相的第三相“异品遍无性”，如：

宗：声常，

因：无质碍故。

10. 相违决定。两个互相矛盾对立的式子，各具因三相，使人不知谁是谁非。如：

胜论立

宗：声是无常的，

因：所作性故，

喻：如瓶。

声生论立

宗：声常，

因：所闻性故，

喻：如声性。

11. 法自相相违。即因与宗后陈法的言陈之意相违背。如：

宗：声常

因：所作性故。

12. 法差别相违。因与宗后陈法的意许之义相违背。如数论师立：

宗：眼等必为他用，

因：积聚故，

喻：如卧具等。

此中"他"暗指永恒的"神我"。

13. 有法自相相违。因与宗前陈有法的言陈之意相违背。如胜论创始人优楼迦对其弟子五顶立量。

宗：有性非实非德非业，

因：有一实故，有德业故，

喻：如同异性。

胜论师立六句义：实（实体）、德（属性）、业（运动）、同（共同性）、异（差异性）、和合（统一性）。"有性"即大有，即物质存在。

陈那立如下相违量：

宗：所言有性应非有性，

因：有一实故，有德、业故，

喻：如同异性。

14. 有法差别相违。因与宗前陈有法的意许之义相违背，如胜论立量。

宗：有性非实非德非业，

因：有一实故，有德业故，

喻：如同异性。

陈那认为因支“有一实”等，与宗支有法“有性”的意许之义“有缘性”相违背，“有缘”即境。据此，陈那立如下相违量：

宗：有性应作非大有有缘性，

因：有一实故，有德业故，

喻：如同异性。

三、喻支

喻是例证，其功能是辅助因，成立宗。如前所述，喻分同喻和异喻，同喻体体现因三相的第二相“同品定有性”，异喻体体现因三相的第三相“异品遍无性”。同喻用合作法，先合因，后合宗，这就是“说因宗所随”。异喻用离作法，先离宗，后离因，这就是“宗无因不有”。

喻有十过：

1. 能立法不成。同喻依与能立法因不相符合的一种错误，如声论师对胜论立：

宗：声常，

因：无质碍故，

同喻：诸无质碍，见彼是常，如极微。

极微是有质碍的，与因支“无质碍”不合，故成“能立法不成”之过。

2. 所立法不成。同喻依与所立法宗不相符合的一种错误，如：

宗：声常，

因：无质碍故，

同喻：诸无质碍见彼是常，如觉。

"觉"是无常的，与宗支的"常"不相符合，故成"所立法不成"之过。

3. 俱不成。同喻依与能立法因和所立法宗都不相符合的一种错误，如：

宗：声常，

因：无质碍故，

同喻：如瓶。

瓶是无常的，与宗支"常"不相符合，瓶是有质碍的，与因支的"无质碍"不相符合。故成"俱不成"之过。

4. 无合。这是新因明对古因明的一种批评，新因明设立具有普遍意义的同喻体，使因与宗相合。古因明只是从一具体事物的属性，推知另一具体事物的属性，不能使因与宗普遍结合。新因明把古因明的这一失误称为无合，如：

宗：声是无常的，

因：所作性故，

喻：犹如瓶等，于瓶见是所作及无常，

合：声亦如是，是所作性，

结：故声是无常。

这个式子没有揭示出"诸所作者皆是无常"的普遍规律，没有使因支"所作性"和宗支的"无常"普遍结合起来，新因明把这种失误称为无合。

5. 倒合。按照新因明的规定，同喻体用合作法，先合因，后合宗，倒合是次序颠倒，先合宗，后合因。如：

宗：声是无常的，

因：所作性故，

同喻：诸无常者皆是所作。

此中的同喻体错了，应当说"诸所作者皆是无常"。

6. 所立不遣。这是异喻不能遣除所立法宗的一种过失。如：

宗：声常，

因：无质碍故，

异喻：诸无常者，见彼质碍，如极微。

极微是常的，没有遣除所立法宗支的“常”性，故犯“所立不遣”之过。

7. 能立不遣。这是异喻依没有遣除能立法因的一种过失。如：

宗：声常，

因：无质碍故，

异喻：诸无常者，见彼质碍，如业。

业是无质碍的，异喻依“业”没有遣除能立法因的“无质碍”，故犯“能立不遣”之过。

8. 俱不遣。异喻依既没有遣除宗，又没有遣除因。如声论对说一切有部立。

宗：声常，

因：无质碍故，

异喻：如空。

异喻依“空”是常的，没有遣除宗支的“常”，空是无质碍的，异喻依没有遣除因支的“无质碍故”，所以，异喻依“空”犯了“俱不遣”之过。

9. 不离。按照新因明的规定，异喻必须有个异喻体，从反面揭示事物的普遍因果关系。古因明没有这种异喻体，新因明把这种失误称为不离。如：

宗：声是无常的，

因：所作性故，

异喻：犹如虚空，于空见是常住与非所作，

合：声不如是，是所作性，

结：故声无常。

这个式子没有异喻体“若是其常，见非所作”，表达不出这种事物的普遍规律，新因明把这种失误称为不离。

10. 倒离。新因明规定，异喻用离作法，先离宗后离因，与之相反则为倒离，即先离因后离宗，因其次序颠倒，所以称为倒离。如：

宗：声常，

因：无质碍故，

异喻：诸质碍者皆是无常。

这个异喻犯了倒离的错误，应当说“诸无常者见彼质碍”。

参考资料

1. 印顺：《唯识学探源》

2. 周叔迦：《唯识研究》

3. 于凌波：《唯识学纲要》

4. 郭朋：《隋唐佛教》

5. 黄忏华：《佛教各宗大意》

6. 石村：《因明述要》

7. 沈剑英：《因明研究》

8. 虞愚：《因明学》

9. 黄心川：《印度哲学史》

10. 吕澂：《因明入正理论讲解》

11. 圆真：《佛教逻辑学纲要》

思考题

1. 略述阿赖耶识的思想渊源。

2. 略述唯识的八识论、种子论、四分论、三性三无性论。

3. 据五位百法回答什么叫唯识？

4. 解释名词：宗体、宗依、体三名、义三名、因三相、九句因、同喻、异喻、宗九过、因十四过、喻十过。

5. 新因明的三支作法比古因明的五支作法有哪些进步？

6. 略释六离合释。

第十一章　佛教寺院大学和密教金刚乘

第一节　印度古代的佛教最高学府——那烂陀寺

原始佛教是在与婆罗门教作斗争的过程中产生的，婆罗门教的显著特点之一是等级森严的种姓制度。佛教反其道而行之，提出“众生平等”的口号，这使很多下层人加入僧团，这使释迦牟尼最初布教时，必须是通俗易懂，为了大众化，他甚至利用方言俗语布教，所以原始佛教教义并非高深难懂。

伴随着历史的发展，佛教面貌发生很大变化，越来越难懂，经是佛说的，很容易看懂，菩萨造的论是解释经的，反而比经难，疏是解释论的，比论更难懂。这种情况反映了佛教由浅至深、由易变难的发展过程。唯识、因明已经形成烦琐的经院哲学，一般人难以理解，只有受过佛教高等教育者才能理解，很多以寺庙为基地的佛教教育的高等学府应运而生，公元5世纪，印度著名的佛学中心有那烂陀寺（NāLandā）、毗俱罗摩什罗寺（Vikramásilā）、郁丹陀普罗寺（Uddandapura）、苏摩普利寺（Somapuri）、吉羯达拉寺（Jagaddala）、金刚沙那寺（Vajrasana）、埵伽突伽寺（Trikatuka）、法轮寺（Dharmacakra）、祇园寺（Jetavana）等。

其中最著名的是那烂陀寺，那烂陀是梵文 Nālandā 的音译，意译为“施无厌”。关于寺名的来由，自古就传说不一。相传那烂陀寺南面有一水池，池中龙王叫那烂陀，由此得名。据《大唐西域记》卷九记载，释迦牟尼如来佛曾在此修菩萨行，“为大国王，建都此地，悲愍众生，好乐周给，时美其德，号施无厌，由是伽兰因以为称”。也有人认为：那烂（Nālan）近于“那拉”（Nalan），而“那拉”是一种莲花的名称，在印度莲花又是智慧的象征；“陀”（Dā）有“给予”的意思，所以，“那烂陀”就是“给予智慧”的地方。

那烂陀寺位于印度比哈尔邦的巴特那附近，正好是号称“智慧第一”的佛十大弟子之一的舍利弗出生地。我国西藏佛教学者多罗那他在其 1608 年所著《印度佛教史》中曾说，那烂陀寺创建于公元前 3 世纪的阿育王时代，著名的大乘佛教学家龙树及其弟子提婆在这里做过教师和学生。但据《佛国记》记载，法显（约公元 337—约 422 年）于公元 404 年朝拜王舍城时并未提到那烂陀寺，据此可见，该寺当时还没有建立。从近年发掘出土的铭文、印章等研究，也没有早于公元 5 世纪的任何证据，很可能在这里原来只有一个小寺庙，以后才由“五百商人以十亿金钱买以施佛”①。公元 5 世纪中叶，笈多王朝的鸠摩罗·笈多一世（公元 415—455 年在位）以及他的后继者佛陀、笈多、婆罗阿迭多和伐阇罗统治时期又对这个小寺进行了扩建，使之成为佛教经院式的寺院。公元 7 世纪，戒日王在比哈尔一带建立伽那犍帝国时，又在这里设立了若干寺院和建筑物，使那烂陀寺成为印度中世纪最大的学府城，当时正值玄奘访印年代，玄奘如实地记录了那烂陀寺的盛况。公元 7 世纪初，我国高僧义净（公元 635—713 年）去印度时曾在此就学，他描述那烂陀寺是一个佛教徒学术交流的国际中心。在公元 8—12 世纪巴拉王朝统治东印度时，那烂陀寺在巴拉诸王（如提婆巴尔、达摩巴洛等）的支持下又有所发展。13 世纪初，突厥的伊斯兰教王穆罕默德·基

① 见《大唐大慈恩寺三藏法师传》卷四。

尔征服了摩揭陀国，那烂陀寺毁于兵燹。当时的佛教学者、僧徒大都逃往尼泊尔去了，那烂陀寺从此一蹶不振。1861 年，根据《大唐西域记》所指的方向和距离以及在寺院附近所发现的碑铭，才找到了那烂陀寺的旧迹。后来在 1915—1937 年经过印度政府考古部门的发掘，在比哈尔邦巴特那东南的巴腊贡村发掘了该寺的遗址。

那烂陀寺是印度古代的佛教研究中心，也是培养佛教人才的重要场所。在这里除传授佛教知识外，还传授吠陀、因明（逻辑学）、声明（文法学）、医方明（医学）、术数（数学），并附设艺术学院、建筑系、医学院、农业系，还有牛奶场和家畜场。① 那烂陀寺有三个大图书馆，分别称为宝海（Ratnasāgara）、宝增（Ratnodaya）和宝色（Ratnaranjaka），意思是说这里的藏书都是珍宝。

根据玄奘的记载，那烂陀寺研究各种佛教学说，大小乘并举，以大乘为主。当时印度一流的佛教学者大都在这里进行过教学和佛教研究工作，如大乘空宗的月称、加耶菩提、商谛菩提、萨婆那密多罗等，有宗的无著、世亲、真谛、德慧、陈那、商羯罗主、护法、法称、戒贤、寂护、莲花生等。除印度本国的学生外，还有中国、日本、朝鲜等国的留学生。玄奘曾在此学习三年，此外如义净、慧轮、智弘、无行、道希、道生、大乘灯和新罗人慧业、阿离耶跋摩等都曾到那烂陀寺留学。吐蕃赤松德赞曾聘请那烂陀寺的佛教大师寂护（Śantaraksita）及其大弟子莲花生（Padmasambhava）去西藏弘法。②

那烂陀寺建筑雄伟壮观。《大唐大慈恩寺三藏法师传》卷三称："印度伽兰，数乃千万，壮丽崇高，此为其极。"③ 玄奘在此留学期间，这里能容纳一万名学生和一千五百名教师。其中通二十部经论者多至五千人，占十分之一；通三十部经论者多至百

① 见尼赫鲁著《印度的发现》中译本，第 280 页。
② 见季羡林等校注的《大唐西域记》第 752 页。
③ 《大正藏》卷五十，第 237 页。

人，占二十分之一；通五十部者称为“三藏法师”，包括玄奘在内共十人。僧人们靠国王恩赐给寺院的二百个村庄的税收维持生活。据《大唐大慈恩寺三藏法师传》卷三记载，那十名通五十部经论的三藏法师所得的生活供应是“日得赡步罗果一百二十枚，槟榔子二十颗，豆蔻二十颗，龙脑香一两，供大人米一升……月给油三升（斗）。酥、乳等随日取足”。在这些生活供应品里，最优异的要数“供大人米”。这种“大如乌豆，饭香百步”的粳米，是专门供应国王和多闻大德们吃的，故称“供大人米”。由此可见，那烂陀寺及其三藏法师地位之高。

介绍那烂陀寺，必须提及我国唐代佛教学者玄奘在此求学的情况。公元 7 世纪，天竺（今印度）僧波颇密多罗来中国，说那烂陀寺戒贤法师讲授《瑜伽师地论》，可以总括三乘学说，玄奘乃发心去印度求学，629 年成行，“步恒河，登雪岭，寻印度之真文”。经历西域十六国，沿路访名僧学法，前后四年，才到达北天竺摩揭陀国的佛教最高学府那烂陀寺。他在此寺拜戒贤为师，受《瑜伽师地论》，同时旁及大小乘《毗昙》各论，后又向胜军居士学习唯识。五年后，学业渐成，便开始在那烂陀寺为众讲学，并从事著书立说，声誉倍增。这里我们举两件事：有一次，一位顺世论（印度古代的唯物主义派别）学者，写了四十条义理之文悬挂于那烂陀寺门口，说：“若有难破一条者，我将斩头相谢。”① 那烂陀寺竟无一人敢出面应战，最后玄奘挺身而出，辩论成功，初战告捷。又有一次，一个叫做般若毱多的老婆罗门，以小乘佛教观点向大乘佛教学说挑战，并把挑战的论文送到一直支持那烂陀寺的戒日王那里。当时该寺住持、玄奘的老师戒贤奉戒日王之命，在寺内挑选海慧、智光、师子光和玄奘四名最有学问的高僧出面应战。但海慧等三人胆怯，不敢应战，最后还是靠中国留学生玄奘折服了这位小乘佛教学者。公元 642 年，

① 见《大唐大慈恩寺三藏法师传》卷四。

中印度羯若鞠阇国戒日王为玄奘举行盛大的曲女城无遮大会①，以玄奘为论主。被召集的沙门、婆罗门等外道数千人。大会开了十八天，没有一人敢出头诘难，玄奘受到大、小乘佛教徒的一致推崇，大乘人赠给他“大乘天”的称号，小乘人赠给他“解脱天”的称号，由此玄奘获得无上声誉。玄奘参加完戒日王为他举行的无遮大会以后，便决意返回祖国，行前还排除了印度高僧的种种劝阻，终于在戒贤法师支持下，携带所得佛像和大量佛经，于贞观十九年（公元645年）回到长安（今西安），结束了他历时十九年、跋涉五万余里、备受艰辛、名扬世界的伟大行程。

印度考古部门对那烂陀寺遗址的发掘工作，目前正在进行，发现了鸠摩罗·笈多一世统治时期的大量钱币、雕刻、佛像和重要碑文。根据已经发掘的结果，那烂陀寺的占地面积为一百万平方米，约有三百间僧舍。

印度独立后，曾在那烂陀寺遗址建立了巴利文和佛教研究所，设有汉文、日文、梵文、巴利文、藏文等课程，并接受各国留学生在这里学习。该所近年来已经把全部巴利文佛教著作编辑出版，还收集了玄奘的全部著作。1980年1月又在这里召开了“国际佛教研究会”第二次会议，包括我国在内的四十一个国家一百二十名佛教学者应邀参加。

在那烂陀寺附近有一座“中华佛寺”，由中国僧人管理。印度政府于1956年在我国经济援助下，在离那烂陀寺几公里的地方，建造一座规模很大的“玄奘纪念堂”，它已成为中、印两国人民友谊的象征。

---

① 曲女城是古印度羯若鞠阇国的首都。“无遮大会”又称为“无碍大会”。“无遮”意谓宽容无遮阻。“无遮大会”即贤、圣、道、俗、贵、贱、上、下之人平等参加施财、施法的法会，会上往往举行教法辩论。原流行于印度，后随佛教传入我国。我国的“无遮大会”始于梁武帝大同元年（公元535年）。

第二节 密教

到公元7世纪的波罗王朝时代，印度佛教发展到密教时期，四世王达摩波罗极力维护佛教，建立超戒寺（Vikramaśila），拥有一百零八座寺庙、六个研究院，比那烂陀寺的规模还要大。

因为是大日如来法身佛的内证境界，深奥秘密，所以称为密教。密教只能传授给灌顶者，对未灌顶者不能传授。密教主张三密加持，即身成佛。三密即身密、口密、意密，身密是作各种手势，口吐真言称为口密，心想大日如来称为意密。由于三密，使业清净，与大日如来的三密分别相应，即身成佛。这种修行方式简单易行，所以密教又称为易行乘。

密教又称为真言乘，真言是梵文Mantra的意译，音译曼陀罗，是大日如来三密之一的语密。这种语密真实不妄，故称真言。真言又称为陀罗尼（Dharani），意谓密言、密语、密咒等，所以真言乘又称为陀罗尼乘。真言有五说：如来说、菩萨金刚说、二乘说、诸天说、地居天说。真言有三字：多字、一字、无字。一字即种子，多字意谓佛说陀罗尼等，无字意谓圆觉无相之理。真言有八种义：（1）真如义。无生无灭，不可说，不可想。（2）随想流出相成之义。因性清净，应化相应之义。（3）加被护念之义。以业力、佛力、真言力、药力四种不可思议之力护念成熟。（4）随诸众生所求不同之义。（5）慈悲义。（6）以佛思度有情之义。（7）以诸菩萨度有情之义。（8）一切诸佛不思议之义。

真言乘意谓乘真言教法而达佛地。因其神速，所以真言乘又称为神通乘。又称为持明乘，意谓护持明咒；又称为果乘，因为修学此乘，可以达到圆满结果。

关于密教的传承体系，密教推大日如来为初祖，大日是梵文Mahāvairocana的意译，意译摩诃毗卢遮那。有金刚界大日如来和胎藏界大日如来之分。金刚界是梵文Vajradhātu的意译，密教认为宇宙万有都是大日如来的显现，金刚界表现其智德方面，胎藏界表现其理性方面。台密①认为大日如来和释迦牟尼为同一佛，大日如来是法身，释迦牟尼是应身。东密②认为大日如来佛和释迦牟尼佛各具法身、报身、应身三身。

二祖是金刚萨埵（Vajrasattva），又称为金刚手、秘密主，与普贤菩萨同体异名。相传普贤菩萨从大日如来接受灌顶，二手获五智之金刚杵，所以称为金刚手。密教认为五智是大日如来所具有的五种智慧：（1）法界体性智。又称为清净法界智，这是第九识庵摩罗识从有漏转为无漏时的智慧。（2）大圆镜智。修行成功，即由第八识阿赖耶识转化为大圆镜智。（3）平等性智。修行圆满成功，转第七识末那识为平等性智，视万法平等而无差别。（4）妙观察智。修行成功，转第六识意识而为妙观察智，此智妙用，善观好坏。（5）成所作智。修行成功，转眼识、耳识、鼻识、舌识、身识前五识而成成所作智，善于成就自利利他之伟业。密教的五智论来源于唯识，第九识庵摩罗识来源于摄论师，其余四智（大圆镜智、平等性智、妙观察智、成所作智）来源于《成唯识论》。

龙树为三祖。相传龙树菩萨曾经开南天铁塔，亲礼金刚萨埵，受传密法仪轨。

龙智为四祖，相传他寿高七百，面如少壮。

金刚智为五祖，金刚智（Vajrabodhi，公元669—741年）是南印度摩赖耶国人，音译跋日罗菩提。属婆罗门种姓，十岁在那烂陀寺出家为僧，首先学习经和律，后在那烂陀寺学唯识，并向寂静智学《声明论》，后来专门学习密教，与善无畏同为龙智弟子。十五岁往印度西部，学法称因明，然后回那烂陀寺，二十岁受具足戒，开始学习《般若灯论》《百论》和《十二门论》等中观论典。二十八岁在释迦牟尼的家乡迦毗罗卫向胜贤学《瑜

① 台密是日本天台宗最澄、圆仁在比叡山和圆珍在三井园城寺所传的天台宗系密教。

② 东密是日本空海以平安东寺为中心的密教。

伽师地论》《辨中边论》等唯识论典。三十一岁开始向龙智学习《金刚顶经》等密教经典。后入斯里兰卡礼拜佛寺，然后回印度南部。唐开元八年（公元 720 年）来到长安（今西安市），所以他与善无畏、不空并称为“开元三大士”，同为中国密宗创始人。于资圣寺从 723 年至 731 年译出《金刚顶瑜伽中略出念诵经》《七俱胝佛母准提大明陀罗尼经》等密教经典。逝后玄宗敕赐国师称号，代宗追赠“开府仪同三司”，并赐号“大弘教三藏”。

善无畏（公元 637—735 年）是梵文 Subhākarasimha 的意译，又称为净师子，音译戍婆揭罗僧诃或输波迦罗。他虽然没有被列入密教祖师，但他对密教的贡献也是很大的。他原为中印度人，属刹帝利种姓，是佛祖释迦牟尼季父甘露饭王的后裔，十三岁继乌荼国王位，后又让位于兄而出家为僧，在那烂陀寺先学空宗，后向达摩鞠多（Dharmagupta）学习密教。唐开元四年（公元 716 年）来到长安，被玄宗尊称为“教主”。先住兴福寺，后住西明寺。开元五年奉诏于菩提寺翻译密教经典。开元十二年（公元 724 年）来到洛阳，住大福先寺。在一行的协助下翻译《大毗卢遮那成佛神变加持经》（即《大日经》）七卷，又译《苏婆呼童子请问经》《苏悉地羯罗经》等密教经典。逝后赠“鸿胪卿”。

不空为第六祖。不空（公元 705—774 年）是梵文 Amoghavajra 的意译，是不空金刚的略称，北印度人，一说为斯里兰卡人，属婆罗门种姓。十五岁出家为僧，拜金刚智为师，专攻密教。幼年随叔父来中国，二十岁在洛阳广福寺受具足戒，助师金刚智翻译密教经典。开元二十九年（公元 741 年）奉师命赴印和斯里兰卡，寻求密教经典。天宝五年（公元 746 年）回到中国，先住鸿胪寺，后被诏入宫，为皇帝灌顶，被赐为“智藏”的称号。唐代宗永泰元年（公元 765 年）译《仁王经》和《大乘密严经》，代宗为之作序，赐号“大广智三藏”。生前加封“开府仪同三司”“肃国公”，逝后谥“大辩正广智不空三藏和尚”。曾译《金刚顶经》等密教经典七十七部一百零一卷，被称为四大译师①之一。

按照真言宗八祖的传说，七祖是中国的惠果，八祖是日本的空海。七祖、八祖已经不是印度佛教史的内容，故略而不谈。

印度密教的主要经典是《大日经》和《金刚顶经》。

《大日经》（Manāvairocanasūtra），全称《大毗卢遮那成佛神变加持经》，亦称《毗卢遮那成佛经》。七卷，三十六品，唐善无畏、一行合译。前六卷从《住心品》到《嘱累品》是正经，第七卷讲供养的方式方法。第一卷是教相，即密教的基本教义。第二卷是事相，即密教的各种仪轨、行法等。本经疏释主要是唐一行的《大日经疏》二十卷。“前六卷，善无畏于玄宗开元十二年（公元724年）在洛阳大福先寺译出，宝月译语，一行笔受，原本是沙门无行在北印所得。第七卷，善无畏于开元十三年（公元725年）译出，原本有说是善无畏自己从印度带来，有说是善无畏所撰。前六卷没有异译，第七卷有菩提金刚（依《贞元新定释教目录》卷十四，此即金刚智的异名）译本，题作《大毗卢遮那佛说要略念诵经》。②

《金刚顶经》（Vajráśekharasūtra），全称《金刚顶一切如来真实摄大乘现证大教王经》，又称为《摄大乘现证经》《大教王经》《金刚顶瑜伽真实大教王经》，三卷，不空译，内容是密教的修行仪轨。

咒语起源于婆罗门教的古典文献《吠陀》，原始佛教是反对咒语的，如《中阿含经》卷四十七的《多界经》说：“或有沙门梵志，或持一句咒、二句、三句、四句、多句、百千句咒，令脱我苦，是求苦、习苦、趣苦、苦尽者，终无是处。”到部派佛教时期，情况有所变化，由于很多外道教徒加入僧团，把用咒治病的习俗带入僧团。《四分律》卷二十七、《十诵律》卷四十六等，就有用咒语治疗毒蛇咬伤、牙疼、腹痛等的记载。治病咒早出，

① 四大译师：罗什、真谛、玄奘、不空。

② 黄忏华：《大日经》，载于中国佛教协会编《中国佛教》（三）。

驱鬼咒晚出。很多大乘经典，如《心经》《仁王经》等，原来并无咒语，现存咒语是后加的，到大乘密教时期，咒语的使用急剧发展，开始哲理化了。

关于密教的哲学理论，从《大悲空智金刚王经》所列的修学课程，可以窥见一斑，首先学习小乘佛教说一切有部的理论，然后学习大乘契经，再往后学瑜伽派，再往后学中观派，最后学习密教法门，密教认为《大悲空智金刚王经》是最高峰。由此可见，密教理论包括小乘、大乘、大乘唯识、中观等。《金刚顶瑜伽中略出念诵经》卷四所说的"一切诸法性……皆从因缘现"，这显然是小乘佛教的缘起论。《大日经》卷二所说的"我说一切法，所有相皆空"，这显然是大乘空宗思想。《大日经疏》卷二所说的："阿赖耶，义云含藏，正翻为室，谓诸蕴中此中生，于此中灭，即是诸窠窟，故以为名""阿赖耶有三种义：一者分别义，二者因缘义，三者真实义"，这显然是大乘有宗思想。

密教认为地、水、火、风、空、识六大是构成世间万物的基本元素。前五大是色法，属胎藏界，属理。最后的识大是心法，属金刚界，属智。

中国佛教密宗是从印度佛教密教发展而成，它的判教主张有横、竖之分。横判教把全部佛教判为显、密二教，竖判教以十住心判其浅深优劣。

1. 异生羝羊心。处于轮回中的天、人、阿修罗、畜生、饿鬼、地狱六趣和胎、卵、湿、化四生，受生各异，所以称为异生。他们东奔西跑，忙忙碌碌，犹如羝羊。

2. 愚童持斋心。此指人乘之住心，"愚童"指凡夫，因为他们不懂得佛教真理，就像愚蠢的儿童一样。"持斋"即持八关斋。

3. 婴童无畏心。天乘之住心，婴童喻凡夫之弱劣，认为生天可以免受人间之畏。

4. 唯蕴无我心。小乘佛教声闻乘之心，认为有色、受、想、行、识五蕴，而无我。

5. 拔业因种心。小乘佛教缘觉乘之心，通过观悟十二因缘之理，已经断除一小部分业烦恼无明之习气。

6. 他缘大乘心。此指大乘佛教的唯识派，发同体大悲，为法界众生同行菩萨道。

7. 觉心不生心。这是大乘佛教中观学派，他们主张心之不生、不灭等。

8. 一道无为心。依《法华》《智度》《中论》所立的天台宗，主张无相无为，即一道清净，又称为一道无为。

9. 极无自性心。此指华严宗，该宗认为万事万物都是真如法界，终无自性。

10. 秘密庄严心。即密教。

前九心是显教，最后是密教。

参考资料

1. 吕澂：《印度佛学源流略讲》，《余论》。

2. ［日］佐佐木教悟等著，杨曾文、姚长寿译：《印度佛教史概说》，第十三章《波罗王朝和密教》。

3. ［英］渥德尔著，王世安译：《印度佛教史》，第十二章《佛教大学和密教金刚乘》。

4. 黄忏华：《佛教各宗大意》，第四辑第一种《密宗大意》。

5. 释圣严：《印度佛教史》。

思考题

1. 略述那烂陀寺概况。

2. 真言宗八祖都是哪些人？对此您有何看法？

3. 密教有哪些主要经典？

4. 略述密教的判教主张。

5. 解释名词：六大。

第十二章　印度佛教的消亡

公元 10 世纪的波罗王朝时期，伊斯兰军队侵入印度。他们烧毁佛教寺庙，强迫佛教徒改信伊斯兰教，某些佛教徒被迫逃往尼泊尔和我国西藏。到公元 11 世纪，波罗王朝末期和斯那王朝时代，伊斯兰教摧毁了佛教的最后据点。12 世纪末，佛教在印度基本绝迹。

佛教在印度的消亡，外因是伊斯兰教的入侵，内因是密教被印度教同化。为了说明这个问题，我们首先介绍印度教。

第一节　印度教简介

印度教又称为新婆罗门教，因为它是在原来婆罗门教的基础上，经过商羯罗（约公元 788—820 年）的改革而形成。

婆罗门教渊源于吠陀神话，《吠陀》是婆罗门教最古的经典文献，约形成于公元前 1000 多年。最古的《吠陀》本集有四种：《梨俱吠陀》（对神的颂词）、《夜柔吠陀》（对神的祭词）、《娑摩吠陀》（祭祀用的歌曲）、《阿闼婆吠陀》（巫术和咒语）。还有很多注释《吠陀》的书，如《梵书》《森林书》《奥义书》

等。吠陀神话的主要特点是崇拜各种各样的自然神及祖先、英雄人物等。

印度教不像印度的佛教、耆那教那样有一个创始人，它完全是由印度人的传统观念形成的宗教，所以很难给它下一个确切的定义，它是印度传统的各种宗教体系和精神文化现象的复杂混合物，有的教义是互相矛盾的，正如马克思所说的："这个宗教既是纵欲享乐的宗教，又是自我折磨的禁欲主义的宗教；既是林加崇拜①的宗教，又是札格纳特②的宗教；既是和尚的宗教，又是舞女的宗教。"③

印度教主要有以下三大派：

1. 毗湿奴派。又称为毗湿奴教，因为该派把毗湿奴神及其化身看作最高神，认为它是"世界之父""万物之友"。形成于12世纪中叶，创始人是罗摩奴阇（Rāmānuja，公元1017—1127年）。主要流行于印度北部和西海岸地区。其教义渊源于后期的《奥义书》、早期的《往世书》和史诗《罗摩衍那》《摩诃婆罗多》等。认为默念神名和坐禅可以获得解脱。主张苦行、素食和禁欲。

2. 湿婆派。又称为湿婆教，主要崇拜湿婆神。这是一个很有影响的教派，成立于4世纪的笈多王朝诸王和7世纪的戒日王都是虔诚的湿婆教徒。教义理论由三个概念组成：主（即湿婆）、家畜（自我）、绳索（物质和业的束缚）。认为自我脱离了业和物质的束缚以后，才能达到类似于主湿婆的状态。该派以修炼瑜伽和苦行而著称，认为获得解脱的方法有坐禅、念咒、唱歌、跳舞、哄笑、涂灰和模仿牛的叫声，所以佛经称它为涂灰外道。

3. 性力派。主要崇拜湿婆之妻难近母、毗湿奴之妻吉祥天

① 林加崇拜，"林加"（Linga）是男性生殖器，是湿婆的象征，所以林加崇拜是对湿婆神的崇拜。

② 札格纳特，印度教毗湿奴神的化身之一。

③ 马克思：《不列颠在印度的统治》，《马克思恩格斯选集》第二卷，第62—63页。

女、梵天之妻娑罗室伐底等女神。认为这些女神的性力是创造宇宙万有的根源。盛行于孟加拉国和奥里萨、阿萨姆等邦。经典是Tantra（坦特罗），相传有六十四种，但多数已散佚，现存者约产生于7世纪。内容大体可以分为四类：（1）教义、仪轨和咒语；（2）瑜伽；（3）神像的创作、寺院建筑等；（4）教徒应负的社会义务等。性力派除搞宗教活动以外，还注重社会改革，反对歧视妇女和寡妇殉葬。

后来性力派分裂为左道派和右道派。左道派夜间举行宗教仪式时注重五件事：酒（Madya）、肉（Māmsa）、鱼（Matya）、手印（Mudra）、性交（Maitanuna）。因为每个字的开头都是M，所以称为五M。举行仪礼时，用动物或人作供物，有的教徒为了表明自己的虔诚，竟然杀子祭神。右道派是比较保守和比较温和的一派，他们不用动物或人供神，祭祀、仪礼一律遵照《吠陀》。左道派的宗教仪式是秘密的，右道派则是公开的。

印度教信仰多神，据说有数以万计的神。很多自然现象、动植物、山河湖泊大地、英雄祖先等都被印度教幻化为神。这些神和世间人一样被分成三六九等，其中最受崇拜的是梵天、毗湿奴、湿婆三大主神，分别代表宇宙的创造、护持和毁灭，此称"三相神"，不同于基督教的"三位一体"。基督教的圣父、圣子、圣灵三个位格同具一个本体，同为一个真神——上帝，而不是三个神。印度教的梵天、毗湿奴、湿婆是各具不同功能、各自独立的三个神。正因为印度教信仰多神，又以三大神为主，所以它被称为具有多神论倾向的主神论者。

梵天，被描绘为世间万物的始祖，他有四个头，面向四方，相传四《吠陀》出自他的四个头。他有四只手，分别拿着《吠陀》、莲花、勺子、念珠或钵。他坐在莲花上，坐骑是一只天鹅或七只鹅拉的一辆车。不仅世间万物是他创造的，魔鬼、灾难等也是他创造的，所以他在三大神中地位并不高，崇拜者也不多，目前印度只有拉贾斯坦的普希伽尔有崇祭他的一个庙。

第二位大神是毗湿奴，亦称偏人天，其皮肤为深蓝色，他的四只手分别拿着法螺、轮宝、仙杖和莲花，躺在大海里的一条巨蛇身上，肚脐上长着一朵莲花，上面坐着梵天。梵天有八天子，八天子是万物之父，梵天是八天子之父，毗湿奴是梵天之父，所以毗湿奴产生万物。

毗湿奴的妻子是天神搅乳海时产生的吉祥天子，象征着发财致富。毗湿奴的坐骑是半人半鸟的迦楼罗。

他虽然是护持神，但也能创造和降魔，为了救世，他曾十次下凡，化为鱼、龟、野猪、人狮、侏儒、持斧罗摩以及史诗《罗摩衍那》的主人公罗摩、黑天、佛陀、白马。这里值得注意的是佛陀，这显然是印度教与佛教相斗争的产物。在印度教看来，佛教的创始人释迦牟尼只不过是毗湿奴的一个化身而已。印度教用这种方法抬高自己，贬低佛教。

黑天虽然是毗湿奴的一个化身，但影响甚大，崇拜者甚多，实际上发展为一个独立的神。他是活泼可爱的牧童，常和牧女嬉戏。他是降魔英雄，曾把凶恶国王派来的恶魔杀死。他善于助人，曾把牛增山举起七天七夜，使难陀的牛群躲避因陀罗下的大雨。黑天的业绩受到湿婆的尊敬，承认他是宇宙大神。

第三位大神是湿婆，佛教文献常称他为大自在天。他在印度的崇拜者最多，形象最复杂，被描绘为五个头、三只眼、四只手。他的第二只眼睛是智慧的象征，他额上第三只眼的怒火烧掉了梵天的第五个脑袋，还把妖魔的三座城市和爱神烧成灰烬。所以他常到喜马拉雅山（雪山）修苦行证悟，在此与雪山神女结婚。生二子，一个是六头、十二臂的室建陀，他是天神统帅，坐骑是一只孔雀。另一个儿子是象头神，坐骑是一只老鼠。

湿婆有四只手，分别拿着三股叉、神螺、水罐和鼓。他还善于跳舞，创造了刚柔两种舞蹈，他表演的舞蹈最少有一百零八种，所以被称为“舞王”。他为了拯救世界，曾把天神从乳海中搅出的毒药喝掉，把颈项烧青，故有“青颈”之名。他时常穿着兽皮衣，浑身涂灰，头上有一弯新月作为装饰。他的发辫盘在头上，上面有一个恒河的象征物。相传恒河下凡时，先落到他头上，再流到大地。他的脖子和手臂缠着很多蛇，坐骑是一头大白牛。

印度教认为：毁灭之后必然要创造，所以湿婆虽然是毁灭神，但也有再生能力，男性生殖器被认为是他的象征。还传说他有地、水、火、风、空、日、月、祭祀八种化身，与宇宙合一。湿婆通过他的苦行创造众生："下品苦行生腹中虫，中品苦行生飞行鸟，上品苦行生人天。"①

湿婆教的教义主要是种姓分立、业报轮回和灵魂解脱等理论。

印度教把人分为四个等级，称为四种姓：婆罗门、刹帝利、吠舍、首陀罗。婆罗门是祭司阶级，执掌神权；刹帝利是武士阶层，管理国家主要靠他们；吠舍是农民、手工业者和商人；首陀罗是雇佣劳动者。印度教又为四种姓蒙上一层神秘的外衣，说生主从嘴里生出婆罗门，从两臂生刹帝利，从两腿生吠舍，从两足生首陀罗。

印度教规定，只允许同一种姓内通婚，如果违背这一规定，就可能出现两种情况：高种姓男人和低种姓女人通婚，男人的罪过较轻，只要沐浴即可清洗干净，生子可以是高种姓；高种姓女人和低种姓男人通婚，女人受的污染永远不得干净。

印度教还把四种姓分为两大类：婆罗门、刹帝利、吠舍是再生族，意思是说，这三大种姓可以参加婆罗门教，婆罗门教可以给他们第二次生命。首陀罗种姓没有资格加入婆罗门教，婆罗门教不能给他们第二次生命，故称一生族。印度教还规定，只有再生族有权诵读《吠陀》，一生族不仅无权诵读，即使听到有人诵读，也要受到严厉惩罚。

印度教认为：灵魂可以从一躯体转生到另一躯体。躯体有生灭变化，而灵魂却是永恒不变的。由于人们的"业"（行为）不同，所以灵魂转生的形态不同，如果严格按照印度教的规定去修行，来世可以转生为婆罗门，乃至于升天。如果违背婆罗门教的

① 吉藏：《中观论疏》卷一末，《大正藏》卷四十二，第14页。

规定，其灵魂就可以转世为“贱民”，乃至于下地狱。这种“善有善报，恶有恶报”的理论称为业报轮回。

印度教用业报轮回理论解释众生的痛苦根源。要想摆脱痛苦，必须使灵魂得到解脱。怎样才能使灵魂得到解脱呢？这就需要解释两个重要概念：梵和我。什么叫“梵”呢？“梵”是没有形体的、永恒不变的宇宙本体。是世间万物的本源。“我”是个体灵魂，通过修行，使“我”和“梵”结合到一起，达到无差别境地——“梵我一如”，就会获得无痛苦的解脱境界。怎样修行呢？印度教的修行方法多种多样，常见的有苦行、瑜伽、拜神、祭祀等。印度教把修行的历程分为四个时期：（1）梵行期。学习《吠陀》，熟悉祭祀仪式。（2）家住期。结婚过世俗生活。（3）林居期。老年时弃家隐居于森林，修苦行。（4）遁世期。舍弃一切财物，云游乞食，严守五戒——不杀生、不妄语、不盗、忍耐、离欲。

印度教的节日很多，比较大的节日有十几个，例如每年 2 月的湿婆节、3 月的好利节和罗摩节、5 月的恒河女神节、6 月的札格纳特乘车节、7 月的黑天旋转节、8 月的黑天诞辰节和难近母节、10 月的吉祥天女节和迦利节、11 月的灯明节等。

沐浴节是毗湿奴派的重要节日，纪念札格纳特降落下界，每年印历额沙荼月（相当于公历六七月）举行。祭司把扎格纳特及其弟大力罗摩、其妹苏婆特罗的神像从庙宇抬出，用一百零八个水罐的水，在太阳升起前给以沐浴，并涂油。把神像高举，以便让更多的人看到。毗湿奴派认为，只要看到札格纳特神像，即可免除轮回之苦。

札格纳特乘车节也是毗湿奴派的重要节日，主要盛行于奥里萨邦的普里城，在沐浴节后的第十五天举行。印度教认为：札格纳特沐浴后，需要乘车出来走一走，教徒们用车把札格纳特神像拉出来，漫游十四天后再放回原来的寺庙。这个节日的规模很大，往往有几十万信徒参加，每年有几百个信徒为了显示自己的虔诚，投身于载着札格纳特神像的车轮底下，被活活轧死。他们认为这样就可以升天。

黑天生日节于8月8日举行，节日期间，教徒不吃饭，对黑天神像进行礼拜并在河中沐浴，诵读史诗《摩诃婆罗多》，对婆罗门进行布施。

除十节。每年公历五六月举行。印度教认为：在此节日期间，在恒河等“圣河”中沐浴，可以消除秽语、谎言、诽谤、骚语、盗窃、暗害、盲从、贪欲、恶意、愚妄等十种罪恶，故得“除十”之名。还规定沐浴时念咒，渡水十次，向婆罗门布施谷物十碗、牛十头，并礼拜恒河神像。恒河被印度教视为“圣河”，相传其水从毗湿奴的脚尖流出，自天而降。湿婆为了拯救大地截断河水，让它流入自己的眉梢，再分十条溪流淌下。很多教徒都来恒河沐浴，除十节期间人数最多。

好利节是印度纪念黑天神的重要节日，每年印历的颇勒窭拏月（相当于公历二三月）举行。在此节日期间，教徒兴高采烈地唱歌跳舞，向路边的人群撒红粉或红水，所以又称为“洒红节”。

娑罗室伐底节是印度教徒为纪念梵天妻子娑罗室伐底而举行的重要节日，在印度的星月（相当于公历二三月）举行。在此节日期间，印度教徒不仅礼拜娑罗室伐底神像，还向笔、墨、纸、书等获得知识的工具进行礼拜，因为相传娑罗室伐底是语言和知识女神。

印度教是印度现有宗教中最有影响的一个教派，印度教徒约占印度人口的85%，印度的政治、思想、经济、文化等领域无不受其影响。近、现代以来，印度教还传播到世界上很多国家和地区，如巴基斯坦、孟加拉国、尼泊尔、斯里兰卡、缅甸、泰国、马来西亚、阿富汗、南也门、乌干达、坦桑尼亚、毛里求斯、美国、英国、阿根廷等。尼泊尔还奉印度教为国教。印度教徒约占世界总人口的12%以上。

第二节 佛教被印度教同化

密教在印度的发展，一般来说分为三个时期，第一是原始佛教和部派佛教时期，佛教经典中出现了密教的萌芽，如《杂阿含经》《四分律》卷二十七、《十诵律》卷四十六等，关于密咒的运用，这被称为初期的杂部密教时期，相当于事部，把佛、菩萨、鬼神都安排在一起。公元六七世纪以后，印度的大乘佛教开始进入密教时期，这就是中期的纯密时期，这是右道密教，相当于行部和瑜伽部，其特征是瑜伽的强大影响，认为修炼瑜伽可以达到世间和出世间的一切目的。信奉《大日经》所说的“菩提心为因，大悲为根本，方便为究竟”。意思是说：菩提（Bodhi，觉悟）是成佛之因，以大悲心普度众生，以权巧方便为究竟而融摄世俗，把印度教的一切善神和恶神都包容其中。公元八九世纪出现的金刚乘（Vajrayāna）是后期的左道密教。这是以金刚比喻密教的教法，因为金刚光明遍照，清净不坏。比喻密教教法像金刚一样坚固锐利，能断除一切烦恼。左道密教的特点是极度淫乱，女的代表智慧，男的代表方便或慈悲，性交是宗教仪式的主要内容，此中大乐被认为是解脱境界。

大约于公元1040年，印度出现了一部《时轮经》，有妙吉祥、陀利伽、护无畏的注释，还有无名氏的《无垢觉注》，这些注释大约出现于公元1040—1200年之间。信奉《时轮经》的一派教徒称为时轮乘。该乘认为佛陀的时轮包含一切，在瑜伽女的身体里可以看到全宇宙。时轮乘和金刚乘一样，极度淫乱。

从密教发展史我们可以发现：它显然是继承了印度教性力派的传统，左道派和右道派的分化，也完全相同于印度教性力派。宗教仪式的淫乱则来源于湿婆派和性力派的左道派。

佛教以反婆罗门教起家，它与婆罗门教的重大分歧之一是不承认“我”。佛教发展到密教时期，放弃了佛教的这一根本立场，承认“我”的存在，这个“我”就是大日如来，认为大日如来的“自身为大我”[①]，这就抹杀了佛教和婆罗门教的根本界限。

小乘佛教和大乘佛教一致认为万事万物是因缘和合而成，从来就不承认造物主。婆罗门教认为梵天是创造神，万事万物乃至全人类都是梵天创造的。印度教的湿婆派认为世间万物是湿婆（大自在天）创造的。大乘佛教承认有个梵天，也承认有个大自在天，但不承认他们的创造功能。吉藏著《三论玄义》把大自在天生万物的主张称为邪因邪果。佛教发展到大乘密教时期，认为有个造物主。这个造物主就是大日如来，正如《大日经》卷三所说的：“我一切本初，号名世所依。”[②] 如前所述，这里的“我”就是大日如来，密教认为大日如来是世间一切事物的本初，是世间一切事物的所依。世间万物的种种差别，也是大日如来创造的，这不是造物主，是什么呢？

祭祀万能是婆罗门教的主要特征之一，密教也加模仿，其表现就是极力提倡上供，为了表示对大日如来的诚心，要上香、花、灯、涂（香）、果、茶、食、宝、珠、衣十大供养，认为这种供养可以换来“金宝藏”。

密教的护摩是梵文 Homa 的音译，意译为祀火，也来源于婆罗门教。婆罗门教最古的经典《吠陀》就有关于护摩的说明。密教的护摩分为内护摩和外护摩。以世俗之火烧供物乳木，称为外护摩。以如来之智烧烦恼之薪，这称为内护摩。

佛教原为禁欲主义的，出家人不许结婚即为一例，到密教金刚乘时期，发展为纵欲主义。《大日经》主张“随诸众生种种性欲，令得欢喜”[③]。女为禅定，男为智慧，女性成为佛教仪式中不可缺少的角色，这就和印度教左道派完全一样了。

如此种种，说明佛教发展到密教时期，已经被印度教同化，丧失了本身的突出特点，这是佛教在印度衰败的内因。

---

① 《大日经》卷五，《大正藏》卷十八，第 22 页。

② 《大正藏》卷十八，第 22 页。

③ 《大日经》卷五，《大正藏》卷十八，第 36 页。

参考资料

1. 黄心川主编:《世界十大宗教》,第六章《印度教》。

2. 何士腾编:《密宗纲要》。

3. 黄心川:《中国密教的印度渊源》;张毅:《试论密宗成立的时代与地区》;吕建福:《关于密教研究的几个问题》;官静:《论印度教与印度佛教的共性》,载于《印度宗教与中国佛教》。

4. 多罗那他:《印度佛教史》,第三十六章《罗摩波罗王时代》、第三十七章《斯那四王时代》。

5. 黄忏华:《佛教各宗大意》,第四辑第一种《密宗大意》。

6. [日] 佐佐木教悟等著,杨曾文、姚长寿译:《印度佛教史概说》,第十四章《伊斯兰教徒的侵入和佛教的灭亡》。

思考题

1. 略述印度教的三大派,印度密教主要受哪一派的影响。

2. 为什么说印度密教被印度教同化了?

3. 您认为佛教在印度衰败的主要原因是什么?佛教应当从中吸取哪些经验教训?

第十三章　印度近现代佛教

13 世纪初期以后，印度佛教除东孟加拉国、克什米尔等个别地区以外，佛教僧团在印度基本消失，某些人认为佛教仅是印度教的一个支派，佛祖释迦牟尼被认为是印度教大神毗湿奴的一个化身。

从 19 世纪初以来，开展了印度佛教的复兴运动，这一运动由印度现代佛教研究先驱者米特拉（R. Mitra）发端。斯里兰卡的佛教居士达磨波罗（Anāgārika Dharmapāla，公元 1864—1933 年）于 1891 年在斯里兰卡首都科伦坡创立摩诃菩提会，第二年就把总部迁往加尔各答，并创办该组织的机关刊物《摩诃菩提》杂志。其宗旨是收复和复兴印度佛教圣地，复兴印度佛教。1920 年在加尔各答建立了摩诃菩提会的第一座佛教寺院“法王精舍”，1932 年达磨波罗又在鹿野苑建立“根本香室精舍”，1933 年他出家为僧，不久后在鹿野苑去世。提婆布里耶、毗里辛哈师等，继承他的遗志，做了大量有意义的工作。

摩诃菩提会成立后，开展了一系列的国际佛教活动。1891 年 10 月在菩提伽耶召开首次国际佛教会议，中国、斯里兰卡等派代表出席。达摩波罗自 1892 年至 1926 年先后访问缅甸、英国等，在美、英等国建立了摩诃菩提会的分会。在印度国内菩提伽耶、鹿野苑、孟加拉国等地也有该会的分会。英国考古学家曾把佛弟子舍利弗、目犍连的遗骨保存在英国，摩诃菩提会成立后要回印度，并于1952年供奉在桑奇大塔旁新建的佛教寺院内。这对鼓舞佛教徒的信仰起了很大作用。

1956年，印度政府司法部部长安培克（Vimrao Ranji Ambedkar，公元1891—1956年）发起“贱民”改信佛教运动，根据1961年的统计，印度佛教徒由1951年的十八万增加到三百多万，1971年比1961年增加十倍。安培克还在孟买、奥兰伽巴德创立了以佛教教义为主导的大学。

在佛教复兴运动中，建立了数百个佛教组织，如印度佛教会、南印度佛教协会等，参加世界佛教徒联谊会的印度佛教组织有十多个。除摩诃菩提会以外，还出现了佛教神智学会、圣弥勒坛教会等国际组织。

1957年，新发展的印度佛教徒组织了一个佛教性质的政党——共和党，主张提高佛教徒的政治权利。1974年，一些年轻激进的共和党党员组成了困豹党，主张武装夺取政权，改变旧制度，建立新制度。

为了配合佛教复兴运动，印度加强佛教研究，很多大学设立了佛教专业，还建立了那烂陀巴利文研究所、贝拿勒斯佛教研究所等佛教研究机构，出现了夏斯特利、达斯、B. C. 劳等举世闻名的佛教学者，写出不少高水平的研究著作，在佛学研究方面取得不少成绩。从这一方面讲，印度不愧是佛教发祥地。但和印度教、耆那教、锡克教等教派比较起来，教徒人数仍然不多，佛教势力远远赶不上印度其他宗教。

参考资料

1. ［日］佐佐木教悟等著，杨曾文、姚长寿译：《印度佛教史概说》，第十五章《近代印度的佛教复兴运动》。

2. 《各国宗教概况》的《印度》部分。

思考题

1. 印度近现代佛教的复兴运动，主要采取了哪些措施？结果如何？

2. 简介摩诃菩提会。

图书在版编目（CIP）数据

印度佛教史/韩廷杰著. —北京：中国藏学出版社，2024.6. —ISBN 978－7－5211－0526－1

Ⅰ. B949. 351

中国国家版本馆 CIP 数据核字第 2024RT8777 号

印度佛教史

韩廷杰 著

责任编辑 永 红 马建军
特邀编辑 冯 敏
封面设计 翟跃飞
出版发行 中国藏学出版社
印 刷 北京隆昌伟业印刷有限公司
版 次 2024 年 6 月第 1 版第 1 次印刷
开 本 640mm×965mm 1/16
印 张 13.75
印 数 5000 册
字 数 185 千字
书 号 ISBN 978－7－5211－0526－1
定 价 58.00 元

图书若有印装质量问题，请与本社发行部联系
E-mail：dfhw64892902@126.com 电话：010－64892902